群众路线助推服务供给

王爱琴 著

科学出版社
北京

内 容 简 介

2011年以来，各级政府纷纷采取"联村联户""三同"等形式多样的群众路线活动，了解群众的公共服务需求和满意情况。群众路线是否能有效促进公共服务供给，加速供求信息传递，提高服务满意度，引起了学者和政府干部广泛的关注。所以，本书以农村生产性公共服务为例，基于对农业干部和农民的调查和访谈，从干部和农民双重视角分析群众路线的实施现状和绩效及其影响因素，为政府实施群众路线工作提供建议，解决公共服务供求失衡问题，促进服务型政府建立。

本书有助于丰富中国农村公共服务供给理论和实践，对农村公共服务供求感兴趣的学者和研究生，以及公务员、事业单位或非政府组织人员等有较强的参考价值、理论借鉴和实践指导意义。

图书在版编目(CIP)数据

群众路线助推服务供给/王爱琴著.--北京：科学出版社，2024.6
ISBN 978-7-03-077532-0

Ⅰ.①群… Ⅱ.①王… Ⅲ.①农村－社会服务－研究－中国 Ⅳ.①D669.3

中国国家版本馆CIP数据核字（2024）第013788号

责任编辑：王丹妮/责任校对：姜丽策
责任印制：张 伟/封面设计：有道设计

科学出版社 出版
北京东黄城根北街16号
邮政编码：100717
http://www.sciencep.com

北京厚诚则铭印刷科技有限公司印刷
科学出版社发行 各地新华书店经销

*

2024年6月第 一 版　开本：720×1000　1/16
2024年6月第一次印刷　印张：10 3/4
字数：214 000

定价：126.00元

（如有印装质量问题，我社负责调换）

前　言

　　城乡协调发展是实现全面城镇化的重要目标和愿景。对此，农村、农业、农民（简称"三农"）的发展成为关键。公共服务的供求均衡可以实现资源合理配置，提高供给效率，改善农民满意度，从而促进农村社会经济的可持续发展。农村生产性公共服务是其他公共服务供给的前提和基础，是实施乡村振兴战略的客观要求，不仅有助于实现农业现代化，而且能最大限度地提高农民收入。但农村生产性公共服务供求的结构性失衡问题，已经成为制约农村发展的一大瓶颈。供给者和需求者之间的供求内容不一致是结构性失衡的主要表现之一，而供求信息传导路径不通畅是此问题产生的主要原因。群众路线作为党的根本工作路线，为公共服务供求信息的传导提供了沟通渠道和实践方法，能促进干部和农民之间的沟通交流，增进彼此的了解。政府干部既是公共服务的供给者，也是群众路线活动的执行者。而农民则是公共服务的需求者和群众路线活动的接受者。本书以农村生产性公共服务为研究对象，基于干部开展"群众路线"的工作方式，对政府干部与农民之间的供求信息传导问题进行探索研究，以实现农民增收，进而促进农业发展、农村繁荣。

　　本书在公共服务理论、供求均衡理论、公共政策过程理论、社会认知理论和马克思主义认识论的理论基础上，构建了基于"群众路线"的农村生产性公共服务供求信息传导的概念模型。在此基础上，通过调查6个样本县152名县农业干部和541名农户，从干部和农民双方的研究视角，运用实证分析方法，围绕农村生产性公共服务供求信息的认知现状、实施路径的测量、实施绩效的评估三个方面的内容，对农村生产性公共服务供求信息传导机制进行研究。

　　总体来讲，本书基于"提出问题—分析问题（理论分析—认知现状—路径测量—绩效评估）—解决问题（对策建议）"的研究思路，对农村生产性公共服务供求信息传导机制进行了深入研究，研究发现基于"群众路线"的农村生产性公共服务供求信息传导路径能够促进农民满意度的提高，但无法提高干部的认知一致性，进而提出了构建基层政府的公共政策信息传导机制、群众路线工作方法的制度和规则、服务型政府的政府绩效评价体系和干部服务工作绩效考核机制、基层政府和中央政府一体化的公共政策过程体系及相应的宣传制度四个方面的政策建议，从而有效提高传导的绩效，促进农户的增收，实现农村可持续发展。

　　本书获得国家自然科学基金青年项目（71004901）、教育部人文社会科学研究青年基金（19YJCZH151）、陕西省软科学研究计划重点项目（2012KR2-05）的资金资助，特此感谢。同时，笔者感谢陕西师范大学的史耀疆教授、岳爱、常芳、聂景春和高秋风老师，堪萨斯大学的 John Kennedy 教授、西安电子科技大学的柴建教授、西安交通大学宋丽颖教授的帮助和支持。同时也感谢为本书顺利完成提供过帮助的调研单位和工作人员、农民，其中特别感谢西北大学研究生、陕西师范大学教育实验经济研究所的助理和研究生参与调研及数据资料的收集工作，没有他们的参与和帮助，也就不可能有本书的数据基础。

目 录

第一章 绪论 ··· 1
  第一节 研究问题与意义 ··· 1
  第二节 研究目标与内容 ··· 4
  第三节 研究框架与方法 ··· 6
第二章 群众路线的思想、理论与实践 ······································· 8
  第一节 群众路线的思想 ··· 8
  第二节 群众路线的理论 ·· 11
  第三节 群众路线的实践 ·· 12
第三章 服务供给的理论基础与研究回顾 ··································· 15
  第一节 理论基础 ·· 15
  第二节 研究综述 ·· 24
  第三节 服务供给政策 ·· 41
第四章 研究基础 ·· 48
  第一节 研究设计 ·· 48
  第二节 概念界定 ·· 50
  第三节 模型构建 ·· 52
  第四节 数据来源 ·· 58
第五章 服务供求主体的现状分析 ·· 60
  第一节 服务供求主体特征 ·· 60
  第二节 服务供给概况 ·· 62
  第三节 服务供给主体的认知现状 ···································· 63
  第四节 服务需求主体的认知现状 ···································· 69
  第五节 服务供求主体认知现状的差异和原因 ····················· 77
  第六节 本章小结 ·· 79
第六章 群众路线实施路径的测量研究 ······································ 80
  第一节 群众路线实施路径的现状——服务供给主体实践 ········ 81
  第二节 群众路线实施路径的现状——服务需求主体观察 ········ 84
  第三节 群众路线实施路径——服务供给主体实践的影响因素分析 ··········· 87
  第四节 群众路线实施路径——服务需求主体观察的影响因素分析 ··········· 91

第五节　群众路线实施路径的服务供求比较分析…………………… 96
　　第六节　本章小结…………………………………………………… 99
第七章　群众路线助推服务供求的绩效评估………………………………… 100
　　第一节　群众路线助推服务供给的认知绩效现状——服务供给
　　　　　　主体视角……………………………………………………… 100
　　第二节　群众路线助推服务供给的满意绩效现状——服务需求
　　　　　　主体视角……………………………………………………… 103
　　第三节　群众路线对服务供给认知绩效的影响研究………………… 107
　　第四节　群众路线对服务供给满意绩效的影响研究………………… 111
　　第五节　群众路线助推各级政府的服务供给满意绩效的影响研究……… 119
　　第六节　群众路线助推服务供给的作用机理分析…………………… 125
　　第七节　本章小结…………………………………………………… 126
第八章　主要结论和政策建议………………………………………………… 128
　　第一节　主要结论…………………………………………………… 128
　　第二节　政策建议…………………………………………………… 129
参考文献………………………………………………………………………… 133
附录……………………………………………………………………………… 145
　　附录 1　县农业干部问卷……………………………………………… 145
　　附录 2　农户问卷……………………………………………………… 154
　　附录 3　县农业干部半结构访谈表…………………………………… 161

第一章 绪　　论

第一节　研究问题与意义

在新的世界经济形态下，中国经济发展进入新常态，经济结构不断优化升级，经济增长从高速增长转为中高速增长，经济驱动力从要素、投资转为创新，但同时也面临着城乡要素之间无法自由流动、平等交换和均衡配置等新的社会发展困境（魏后凯，2016）。为了适应经济新常态的发展，中央政府提出推进供给侧结构性改革的解决方案，也就是将供给和需求作为整体来看待，通过制度和政策的调整，实现供给主体、方式和机制的变革，加快供给和需求之间的适应性，实现资源的有效配置，最终促进经济的健康且可持续发展（胡鞍钢等，2016；贾康和苏京春，2016；李翀，2016）。

公共服务的供给对于人民生活水平的提高和经济的发展也起着非常重要的作用。联合国开发计划署发布的报告（中国改革发展研究院，2008）也显示，基本公共服务或产品是经济发展的重要条件。长久以来，与城市地区相比，我国农村地区的公共服务供给较差，并阻碍着农村经济发展和生活水平的提高（崔昱晨和杨永淼，2016）。农村生产性公共服务是其他公共服务供给的前提和基础，不仅可以有效规避气候灾害和自然风险等，而且可以有效促进农业技术的改进，提高农村居民收入。但农村生产性公共服务供求的结构性失衡问题，已经成为制约农村发展的一大瓶颈。所以，供给侧结构性改革同样也适用于农村公共服务的供给，能为改善公共服务供给总量不足、服务质量差，且无法满足农民日益增长的服务需求做出相应的建议和指导，为长期以来的供求失衡提供了解决途径（罗万纯和陈怡然，2015；康健，2016；杨宜勇和邢伟，2016）。

公共服务供给侧结构性改革的执行主体是政府，它不仅承担着公共服务的供给工作，而且起着调节市场经济的作用（迟福林，2005；石洪斌，2009；杨宜勇和邢伟，2016）。政府在为农村地区的群众提供公共服务、增加公共投资的过程中，可以使较多的农民受益，最终促进农村发展，缩小与发达地区的收入差距（樊胜根等，2002；国务院发展研究中心课题组，2012）。同时，政府在经济增长放缓的社会环境下，可以通过一定程度的制度创新和调节市场秩序来降低放缓的速度（陈彦斌和姚一旻，2010；中国经济增长前沿课题组等，2014）。新的社会问题以及群众的诉求，也不断要求政府从发展型政府转化为服务型政府，公共服务的供给将成为政府的主要工作。

在服务供给的实践中，基层政府干部是农村公共服务的主要提供者（李羚，2004；姜海山等，2017）。尤其是农业税费改革后，在没有税收压力的情况下，公共服务的供给成为基层政府干部的主要工作（朱玉春等，2011）。随着"三农"政策的推广和新农村的建设，农村公共服务的供给水平得到了很大提升，但供给总量仍旧不足，同时还存在着结构性失衡的问题（林万龙，2007）。农村公共服务结构性失衡问题的重要体现是公共服务的供给与需求的内容不一致（淮建军和刘新梅，2007；林万龙，2007），也就是基层干部绝大多数不了解农民的公共服务需求。同时，基层干部又处于国家与社会相连接的关键位置，是自上而下的政策贯彻与自下而上的意愿表达的汇集点（贺东航和孔繁斌，2011）。所以，他们的行为和态度，直接影响干部和群众的关系，甚至会影响中央的政策和群众的意见。

群众路线作为共产党的根本工作路线，一直指导着我国政府工作向前发展。在发展过程中，群众路线执行得好，经济和社会就蓬勃发展，但若脱离群众，经济和社会发展就会停滞甚至倒退。中国共产党的建立、新中国成立后的生产资料所有制的社会主义改造、改革开放以及现代化建设，都是顺应了民意，动员群众和依靠群众才取得的成功（权衡，2013）。但与此同时，只有群众的参与，而没有政府的支持，也无法推动社会和经济的发展。如我国农村改革是从安徽凤阳的"大包干"开始的，而企业改革从福建企业要求"松绑"开始，这都说明人民群众的首创精神是推动改革的原动力。但若没有安徽省政府发挥带头作用，克服多重困难，推动多个农村地区实行承包责任制也就不会促进凤阳农业生产的迅速发展；若没有中央政府对深圳发展的大力支持，同时给予其特有的制度环境，也就不会推动深圳经济的高速增长。所以，笔者试图以群众路线为基础，探讨建立完善的群众参与机制，不断扩大公众对改革决策的参与度，寻找改革的最大公约数，增强改革决策的科学性。不论政府以何种形式开展群众工作，都是为了解决当前面临的社会经济问题，也就是为了满足广大人民群众的需要，使人民满意，从而实现社会和谐（迟福林，2006；贾朝宁，2015；李明，2018）。

目前，一些因干部自身问题引起的干群间的矛盾较为突出。例如，有些干部认为当官就是为追求个人利益服务的，而忘记了"权为民所用，利为民所谋，情为民所系"的服务宗旨；有些干部贪污腐败，假公济私，好大喜功，导致群众不满；有些干部不深入群众，不深入实际生活，高高在上，弄虚作假，失去了群众的信任；有些干部科学管理能力不强，工作方式简单生硬，法治观念淡薄，常常伤害群众的感情。所以，如何解决干群间脱节的问题以及干部不了解公共服务的现状等问题，就需要打通干群间的信息沟通交流渠道，以教育和管理干部为着力点，引导和教育干部改进工作方式方法，使他们在行使职权时能够真正代表人民的利益（纪良，2007）。

国家也注意到这样的问题，希望通过各种活动改变部分基层干部的官僚主义、形式主义和享乐主义的现状，从而最终解决干部和群众的脱节问题。2011年，各省市以"群众路线"思想为指导，纷纷采取了形式多样的群众路线活动或工程来解决各地区面临的社会问题，有"三问三解""连心工程""联村联户""三同"活动等工程（胡悦，2012；付春香，2013；马赟，2014），即政府基层干部需要与群众面对面聊天、互动和交流，甚至共同居住和劳动，从而能全方位、近距离地了解他们的生活状况，从而解决相应的问题，最终帮助他们致富。与此同时，中国共产党在2013年6月决定在全党开展以"为民务实清廉"为主要内容的党的群众路线教育实践活动（习近平，2013），强调了人民群众与中国共产党之间"血肉联系"的重要性。随后，中央政府很明确地提出地方干部需要更深入地接近人民群众，同时也提到群众路线是地方干部主要的政策工具，它能帮助地方干部了解当地人民群众的生活状况及公共服务的需求和满意情况，从而使得政策制定的过程能包含更多基层群众的声音与意愿。

那么，群众路线作为干部的工作方法，是否能够有效地促进公共服务供求信息的传导，是否能达到其目标——农民了解、满意和需要干部供给的公共服务等关键问题，都是笔者最需要解决的问题。具体来讲，第一，干部提供的公共服务是群众了解、需要且满意的公共服务吗？干部对农民就其提供的公共服务的了解、需要且满意的认知情况与农民是否一致？第二，群众需要且满意的公共服务信息可以通过群众路线实践活动实现信息的有效传导吗？干部实施的群众路线是否被农民所了解？与农民观察的群众路径是否一致？第三，群众路线实践活动，通过增加干部与农民之间的面对面交流和接触的信息传导方法，是否能提高群众对干部提供服务的满意度，同时也会提高基层干部的公共服务认知一致性，从而最终改善农村公共服务供求不一致的现状？

为了探讨这些问题，本书在国家还未在全党范围内开展群众路线教育实践活动之前，对部分县实施的群众路线工作开展调查，了解基层政府农业干部实施群众路线的现状和差异，描述农业干部对农民生产性公共服务需求认知的差异，探索将群众路线作为农村生产性公共服务供求信息传导路径的可行性以及产生的绩效，从而为我国群众工作的制度和公共服务供求信息的准确获取提供思路，最终促进服务型政府的建设。农村生产性公共服务是促进农村地区农业发展的关键服务，而且是乡村振兴和农业现代化的动能，所以研究农村生产性公共服务供求信息传导机制对于社会主义新农村建设以及统筹协调城乡发展既有理论意义，又有实践意义。

本书的理论意义体现在以下三个方面。首先，本书以农村生产性公共服务为例，研究了公共服务供给者和需求者供求信息传导的路径和绩效（包括干部认知一致和农民满意度），探索通过"群众路线"的实践和观察来改善供求信息传导绩效的可能性，最终使得群众满意。这有助于增进对公共服务供求理论和供求信息认知理论的深刻理解。其次，当前对于农村生产性公共服务的研究多集中于供给机制的研究，本书通过实证着重研究供求信息传导路径，有助于理解通过公共政策促进供求信息的有效传导的可行性，从而最终促进公共服务供求进一步接近均衡，这是对公共服务供给理论和供求均衡理论的拓展，也是对政策过程理论的一种补充。最后，本书基于基层干部的"群众路线"实践，研究干部在供给农村生产性公共服务过程中的实践环节，旨在进一步完善党的群众路线工作方法的理论建构，并增进我国政府对管理理论的理解。

本书的现实意义体现在以下三个方面。首先，本书研究的公共服务的供求信息传导机制，可以为基层干部获取群众的公共服务需求提供指导方法，为基层政府干部更好地服务群众提供理论和方法基础，指导基层干部不仅要做好实地的考察，同时也要做好实地的实践、沟通和新闻宣传工作。其次，本书的结论为贯彻落实基层政府的群众路线实践活动提供了理论依据，可以指导群众路线的实践活动；同时，也为新时期基层干部实施群众路线的工作方法，以及具体工作的开展、落实和推广提供了思路。最后，本书也对其他公共服务的信息传导机制有重要的参考意义。农村生产性公共服务是农村公共服务的一部分，也是基层政府提供公共服务的一部分，其信息传导的认知现状和传导路径、传导绩效的特点和影响因素在其他公共服务中同样存在。因此，针对农村生产性公共服务供求信息传导的一些政策也适用于其他公共服务。

第二节 研究目标与内容

本书的总体目标是以农业干部和农民两个视角的群众路线实施路径为例来研究农村生产性公共服务供求信息传导的现状、效果及影响因素，检验群众路线作为公共政策传导机制实施的有效性，并尝试解释这些影响背后的原因，为政府有效实施群众路线工作方法提供建议，完善公共服务信息传导机制，解决公共服务供求失衡的问题，从而促进服务型政府和服务型社会的建立。具体而言，本书的研究对象分为两个，一是基层干部，特别地以与农民接触最多且最广泛的县农业干部为例，二是农民。

本书的研究内容分为以下八章。

第一章为绪论。该章主要对研究的整体框架和思路进行阐述，具体描述研究问题的提出、研究意义、目标和内容，以及具体的框架和方法。

第二章为群众路线的思想、理论与实践。通过对群众路线思想、理论，以及实践的回顾和总结，来阐述群众路线作为生产性公共服务信息传导机制的可能性。

第三章为服务供给的理论基础与研究回顾。首先，基于公共服务供给理论、公共服务供求均衡理论、公共政策过程理论、社会认知理论和马克思主义认识论五大理论，建立了公共服务供求信息传导路径和绩效的机制。其次，对当前学者开展的服务供给相关研究和政策进行整体阐述，具体包括四个方面。①描述农村公共服务供给主体的研究综述。②描述当前公共服务供求现状的研究综述，具体包括供给现状研究、需求现状研究和供求失衡的三个方面的研究综述。③评述公共服务信息传导机制的研究现状，通过不断深入和细化的阶梯式阐述方法，从政策信息传导机制到公共服务供给机制和需求表达机制，来评述公共服务信息传导机制所需的条件，以及希望达成的目标和方式。④基于公共服务视角的政府绩效评价的研究综述，从服务型政府、政府绩效和政府公共服务满意度三个方面来阐述现状和不足。最后，阐述当前农村生产性公共服务供给政策变迁、投入和产出。

第四章为研究基础，包括研究设计、概念界定、模型构建、数据来源四个部分。首先，阐述研究设计的过程；其次，界定本书的基本概念；再次，通过第三章的理论和文献回顾，并结合农村现实情况和"群众路线"实施情况，构建了全文的概念模型，并提出希望验证的研究假设；最后，陈述调查的样本信息和变量情况。

第五章为基于干部和农民视角的农村生产性公共服务供求认知现状，也就是农村公共服务供给者——农业干部和需求者——农民对公共服务的认知现状，主要以农民了解、满意和需要农村生产性公共服务为目标阐述公共服务供给者和需求者的认知现状和差异。具体来讲，分为四个部分：首先，样本的基本特征，以及农业干部提供的农村生产性公共服务现状；其次，农业干部对农民了解、满意和需要农村生产性公共服务的认知现状；再次，农民真正了解、满意和需要的农村生产性公共服务现状；最后，农业干部和农民对农村生产性公共服务的认知差异及差异存在的原因，并提出基于"群众路线"的农村生产性公共服务供求信息传导绩效——干部认知一致的主要测量工具。

第六章为将"群众路线"实施作为农村生产性公共服务供求信息传导路径开展的实证分析，也就是以供给主体实践——干部实施和需求主体观察——农民观察为视角研究供求信息传导路径的现状及影响因素。主要包含三大内容，分别是干部实施群众路线的路径现状和影响因素，农民观察的群众路线实施路径现状和影响因素，干部实施和农民观察的群众路线实施路径的差异及原因。

第七章为以"群众路线"实施为方式，开展实证分析以了解和分析其助推农村生产性公共服务供求信息传导而产生的服务绩效现状及影响因素，也就是从农村公共服务供求信息传导的两条路径——干部视角和农民视角分析供求信息传导绩效的现状及影响因素。主要包含三大部分，分别是干部实施群众路线后的绩效——干部认知一致的现状和影响因素，农民观察干部实施群众路线后的绩效——农民满意度的现状和影响因素,公共服务信息传导过程中的宣传路径和实施路径对各级政府满意度的影响因素分析。

第八章为主要结论和政策建议,也就是阐述本书的主要研究结论和基于研究结论提出的政策建议。

第三节 研究框架与方法

本书遵循"提出问题→分析问题(文献综述+理论框架+研究设计+实证分析)→解决问题"的基本思路开展研究,具体框架见图1.1。具体地,运用公共服务供给理论,通过对6县152名县农业干部和541名农户的定量分析,选取12名县农业干部和4名村干部的定性访谈,深入研究干部和群众双重视角下两者对农民所了解、满意和需要农村生产性公共服务的认知情况。同时将干部实施群众路线路径和农民观察干部实施群众路线的路径作为研究群众工作方法和公共服务供求信息传导机制的真实案例,研究其实施现状和差异及其影响因素。另外还通过描述统计和计量模型分析不同干部在实施和未实施群众路线后他们对农民认知的现状和差异,不同农民在观察和未观察群众路线实施后他们对各级政府的满意度。从总体结构上,本书以农村公共服务的供给者和需求者之间对公共服务的认知达成一致为宗旨,注重建立以农村公共服务的供给和需求双方的沟通联系为基础的公共政策信息传导机制,以群众需要和满意、干部了解和知道为目标展开分析,最后提出有效实施群众路线工作方法的制度,从而解决公共服务的供求失衡问题,缓解干群关系,建立服务型政府。

基于上述的研究框架,不同模块采用不同的研究方法。总体来讲,主要采用以文献分析为主的规范分析法进行理论研究,以定性分析和定量分析相结合的方法进行实证检验。在实证检验中,主要通过问卷调查和访谈法获得调查数据,采用描述统计分析法和普通最小二乘分析法建立模型,用比较分析法比较干部和农民之间的差异。

基于干部和农民两个视角进行分析,本书在研究具体问题时采用不同的方法。第一,问卷调查和访谈法,涉及的问卷调查包括:县农业干部问卷、农户问卷、县农业干部定性访谈问卷。第二,描述统计法。本书主要对"群众路线"实施作为农村公共服务供求信息传导路径的现状和绩效进行了详细表述,并分析不同影响因素与农村公共服务供求传导路径和绩效的相关关系,得到简单且易理解的结果。第三,实证分析法。根据描述统计的分析结果,采用实证研究中的最小二乘分析法对"群众路线"实施路径和绩效的测量及其影响因素进行详细的回归分析,从而得到更加准确的结果。第四,比较分析法。通过从干部和群众两种视角来比较分析农村生产性公共服务的认知差异和基于"群众路线"的公共服务供求信息

第一章 绪 论

传导路径的差异,以及公共服务信息传导频次——干部到村[①]和"三同"[②]之间的差异,进而阐述出现差异的可能原因,从而更好地减少差异,为提出可行的群众路线工作制度和有效的公共服务信息传导机制提供建议。

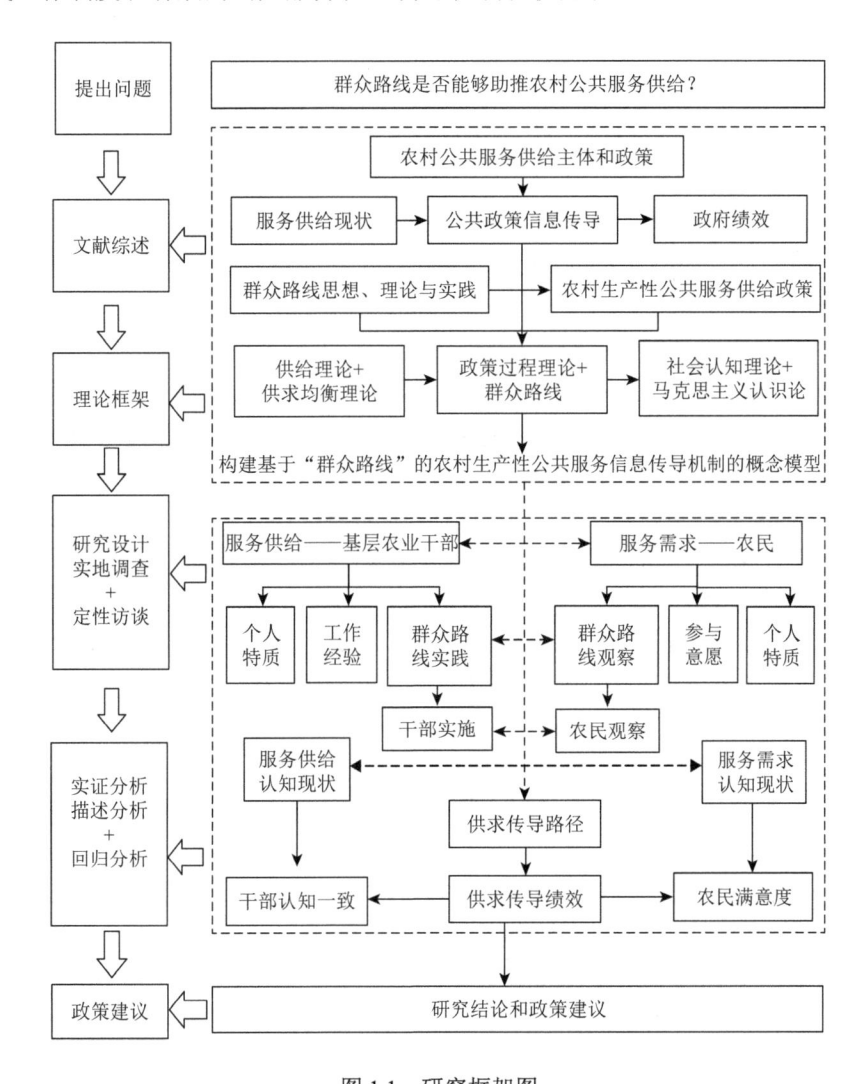

图 1.1 研究框架图

◁--▷表示公共服务的供给者和需求者、群众路线实践的提供者和观察者、群众路线实践的具体方式;◀--▶表示公共服务供给和需求的实际过程,表示从构建模型到传导路径的形成需要经过公共服务供给者和需求者的群众路线实践和观察,以及服务供给的实际过程,才能形成供求的传导路径,是不容易观察到的第一个虚线方框表示本书的理论分析模型的构建。第二个虚线方框表示本书的实证分析论证的过程,包括研究设计和分析论证两个部分

---

① 干部到过村庄。
② 干部与农民一起吃饭、一起居住、一起劳动。

第二章 群众路线的思想、理论与实践

第一节 群众路线的思想

群众路线是由毛泽东详细阐述的重要思想和方法,即"从群众中来,到群众中去"(毛泽东,1991),希望通过干部和群众间面对面的交流互动来帮助干部和群众形成鱼水关系的一种工作方法。1943年毛泽东的《关于领导方法的若干问题》对群众路线进行了完整的概括:"在我党的一切实际工作中,凡属正确的领导必须是从群众中来,到群众中去。这就是说,将群众的意见(分散的无系统的意见)集中起来(经过研究,化为集中的系统的意见),又到群众中去作宣传解释,化为群众的意见,使群众坚持下去,见之于行动,并在群众行动中考验这些意见是否正确,然后再从群众中集中起来,再到群众中坚持下去。如此无限循环,一次比一次地更正确、更生动、更丰富。这就是马克思主义的认识论。"(毛泽东,1991)

1945年党的七大首次提出党章总纲,深入阐述了群众路线的问题。具体来讲,"中国共产党人必须具有全心全意为中国人民服务的精神,必须与工人群众、农民群众及其他革命人民建立广泛的联系,并经常注意巩固与扩大这种联系。每一个党员都必须理解党的利益与人民利益的一致性,对党负责与对人民负责的一致性。每一个党员都必须用心倾听人民群众的呼声和了解他们的迫切需要,并帮助他们组织起来,为实现他们的需要而斗争。每一个党员都必须决心向人民群众学习,同时以革命精神不知疲倦地去教育人民群众,启发与提高人民群众的觉悟。中国共产党必须经常警诫自己脱离人民群众的危险性,必须经常注意防止和清洗自己内部的尾巴主义、命令主义、关门主义、官僚主义与军阀主义等脱离群众的错误倾向。"(中共中央党校党章研究课题组,2008)自此,在不断的社会经济工作实践中,群众路线逐渐成为我国制定政策及干群关系理论的主要思想源泉(余逊达,2011;Blecher,1979)。

同时,群众路线也为我党领导者开展群众工作提供了理论指导,他们一直把为群众办实事,保持与群众的密切关系作为党的事业取得成功的保证(Blecher,1979)。1942年12月,毛泽东在《经济问题与财政问题》一文指出,"一切空话都是无用的,必须给人民以看得见的物质福利。我们还有许多同志的头脑没有变成一个完全的共产主义者的头脑,他们只是做了一个方面的工作,即是只知向人民要这样那样的东西，粮呀，草呀，税呀，这样那样的动员工作呀，而不知道做另一方面的工作，即是用尽力量帮助人民发展生产，提高文化。为了革命，为了抗战，我们向人民要东西是完全合理的。我们的同志做了这一方面的工作算是做了他们应做的革命工作，这是很好的。但这只是做了一个方面的工作，而且还不是第一个方面的工作。我们的第一个方面的工作并不是向人民要东西，而是给人民以东西。我们有什么东西可以给予人民呢？就目前陕甘宁边区的条件说来，就是组织人民、领导人民、帮助人民发展生产，增加他们的物质福利，并在这个基础上一步一步地提高他们的政治觉悟与文化程度。为着这个，我们应该不惜风霜劳苦，夜以继日，勤勤恳恳，切切实实地去研究人民中间的生活问题，生产问题，耕牛、农具、种子、肥料、水利、牧草、农贷、移民、开荒、改良农作法、妇女劳动、二流子劳动、按家计划、合作社、变工队、运输队、纺织业、畜牧业、盐业等等重要问题，并帮助人民具体地而不是讲空话地去解决这些问题。"（毛泽东，1993）邓小平曾向广大基层干部说，"一定要努力帮助群众解决一切能够解决的困难。暂时无法解决的困难，要耐心恳切地向群众解释清楚。"（邓小平，1994）同时他反复告诫全党，一切从人民利益出发考虑问题，把人民拥护不拥护、赞成不赞成、高兴不高兴、答应不答应作为衡量党的各项方针、政策和工作的标准。江泽民指出，"领导干部要同群众保持密切联系，真正同群众打成一片，想群众之所想、急群众之所急，以群众赞成不赞成、高兴不高兴作为自己的行为准则。否则，就有被群众抛弃的危险。对群众提出和反映的问题，必须满腔热情地加以处理，切实帮助群众解决生产生活中的实际困难，绝不能漠然置之，更不能粗暴地对待群众，激化矛盾。全心全意为人民谋利益，不能挂在嘴上，不能搞'虚功'，而是要实实在在为群众办事，要从群众最关心、最迫切需要解决的实际问题入手开展工作，把我们党的根本宗旨切实落实到各项工作中，落实到广大人民群众身上。"（江泽民，2006）胡锦涛强调艰苦奋斗和牢记宗旨间的关系，以及奋斗的目标是为最广大人民谋利益，关系到群众路线的阐述包括"只有坚持艰苦奋斗，心中装着人民群众，始终同人民群众同呼吸、共命运、心连心，才能保持我们党同人民群众的血肉联系，才能增强抵御腐朽思想侵蚀的能力，才能不断与时俱进、开拓创新。如果丢掉了艰苦奋斗的作风，贪图享乐，不愿意再做艰苦的工作，对群众的疾苦漠然置之，对群众的呼声充耳不闻，就必然会脱离群众"和"各级领导干部要坚持深入基层、深入群众，倾听群众呼声，关心群众疾苦，时刻把人民群众的安危冷暖挂在心上，做到权为民所用，情为民所系，利为民所谋。尤其要关心那些生产和生活遇到困难的群众，深入到贫困地区、困难企业中去，深入到下岗职工、农村贫困人口、城市贫困居民等困难群众中去，千方百计地帮助他们解决实际困难。要通过扎实有效的工作，实实在在地为群众谋利益，带领群众创造自己的幸福生活"（胡锦涛，2005）。习近平分别在党的群众路线教育实践活动工作会议和中央政治局会议上讲道："开展党的群众路线教育实践活动，就是要把为民务实清廉的价值追求深深植根于全党同志的思想和行动中，夯实党的执政基础，巩固党的执政地位，增强党的创造力凝聚力战斗力，使保持党的先进性和纯洁性、巩固党的执政基础和执政地位具有广泛、深厚、可靠的群众基础。"[①]"加强和改进作风建设是保持党同人民群众血肉联系的有效途径，必须聚焦解决群众反映强烈的突出问题，以作风建设新成效汇聚起推动改革发展的正能量。"[②]"作风问题核心是党同人民群众的关系问题。加强作风建设，必须坚持马克思主义群众观点、贯彻党的群众路线，把出发点和落脚点归结到实现好、维护好、发展好最广大人民根本利益上来，归结到为民务实清廉上来，使改进作风的过程成为贯彻执行党的理论和路线方针政策的过程，成为推动改革开放和社会主义现代化建设顺利进行的过程。"[③]这些都表明了国家领导人对群众路线的重视和支持。

群众路线的本质就是通过干部和群众间面对面的交流互动来解决群众问题并最终改善干群关系的工作方式，其深层内涵主要分为两个方面。第一，群众路线的目标和前提基础是"一切为了群众"和"一切依靠群众"。在政府干部的日常工作中，就是要做到"权为民所用，情为民所系，利为民所谋"，具体表现就是要加强与群众的密切联系，经常到农村了解群众的需求，时刻把群众的安危冷暖放在心上，从而准确了解群众需求（即所思、所盼、所忧和所急），最终达到"民有所思，我有所知"的境界（孟建柱，2011）。换句话说，毛泽东的群众路线理论意味着如果当地政府没有对村民需求形成清晰的认识，将无法有效提供公共服务，所以了解村民的需求和想法对县级干部来讲是非常重要的。第二，"从群众中来，到群众中去"是干部实践群众路线的具体工作方式。政府干部只有深入基层，倾听群众的呼声，感受群众的疾苦，并不断总结经验，才能提出符合群众意愿的政策，即"从群众中来"；随后将符合群众意愿的政策实施，使得群众满意其提供的服务，就可实现"到群众中去"（苏若群和姚金果，2014）。所以如何提高农民对干部提供的公共服务的满意度及看法是群众路线的重要目的。因此，根据其概念和理论得出群众路线的实施有两个目的，分别是提高干部对农民需求的认知和提高农民对干部提供服务的满意度，从而最终改善紧张的干群关系（何志锋，2014）。

---

① 习近平在党的群众路线教育实践活动工作会议上的讲话（2013年6月18日），http://www.mofcom.gov.cn/article/zt_swbqzlx/lanmuone/201307/20130700218344.shtml。
② 习近平在党的群众路线教育实践活动第一批总结暨第二批部署会议上的讲话（2014年1月20日），https://www.gov.cn/guowuyuan/2014-01/20/content_2591058.htm。
③ 习近平主持中共中央政治局第十六次集体学习，https://www.gov.cn/xinwen/2014-06/30/content_2710225.htm。

第二节　群众路线的理论

当前学术界对群众路线的理论阐述主要集中在群众路线的基本理论和工作方法两个方面（王海，2020）。在理论层面，主要从党的理念、性质和宗旨等层面论述；在工作方法层面，主要从科学方法论视角，分析干部和党员如何实践"群众路线"——"从群众中来，到群众中去"的工作方法和路线。

在理论层面上，很多学者就群众路线在不同时期的发展情况和必要性做了评论（沈燕培，2014）。王修智（1996）和李锡炎（1996）对在市场经济条件下是否仍要坚持群众路线和怎样坚持群众路线进行了探讨，并得出市场经济和群众路线之间起着相辅相成的作用。不同的学者就新时期党的群众路线的内涵、变化和挑战进行阐述。坚持群众路线需要正确处理四个关系，包括对上负责与对人民群众负责的关系、依靠群众与教育群众的关系、向书本学习与向群众学习的关系、自我监督与群众监督的关系（黄兆林，1997）。苏若群和姚金果（2014）认为在中国共产党发展的历程中，群众路线一直是我党的生命线，但不同发展历程会略有不同。具体来讲，革命时期和执政时期实施群众路线的主体（党和干部）和客体（群众）仍旧是一致的，但相应的内在要求和实现路径都呈现出不同的特点。在革命时期，中国共产党的目标是一切为了人民解放，我国当时须打败日本，推翻国民党，因此要紧紧依靠群众，了解群众意见和需求并动员群众，同时制定符合人民愿望的政策并将其传达，最终变成人民的实践；而执政时期，目标则是一切为了人民幸福，中国共产党应该成为人民的"勤务员"，全心全意为人民服务。还有一些学者认为群众路线有助于民主形态和法制的建设（李华，2012；刘红凛等，2021）。

针对如何开展群众路线教育及其相关实践如何形成长效机制，一些学者也进行了深入探讨。戴安林（2013）认为常态化机制需要建立干部培训机制、联系和服务群众的工作机制、群众利益保障和表达机制、信息网络平台沟通机制和激励评价机制五种机制。吴寒斌（2014）通过历史和理论研究，在与现实相结合的基础上，总结出动力生成机制、能力养成机制、利益实现机制、评价反馈机制四个机制。卢怀科（2015）通过理论研究和相关机制研究，论证了"践行群众路线"保障机制的主要内容——群众观长效教育机制、权力为民服务监督机制及群众有序参与机制三方面内容。周贤山和吴永胜（2015）在南京的长期工作实践基础上，提出五大制度——以开辟联系群众新路径为抓手创新党员联系群众机制、以提高服务意识和能力为重点建立服务新机制，统筹兼顾建立健全切实有效的群众权益维护与发展机制，以基层民主建设推动建立畅通有序的民意表达汇集机制，以一条龙配套的考核体系建立践行群众路线评价激励机制，从而最终形成践行群众路线长效机制的运行模式。王婷鹤（2015）通过历史视角和理论研究视角，分析得出需实现群众路线的内在机制创新和外在制度环境相完善。

在工作方法层面上，很多学者就群众工作的不同方法和观点进行了论述，如祝灵君和齐大辉（2013）对如何做好群众工作的方法和艺术进行了阐述，中央宣传部理论局（2011）对党的领导人关于群众工作的重要论述和观点进行了总结和概括。刘玉瑛等（2014）就以不同的方式与群众建立关系进行了案例分析，具体包括了解联系群众、宣传教育群众、沟通协调群众、服务帮助群众、组织凝聚群众、领导管理群众六种方式。

过去对于群众路线的学术研究，都是描述性地概括群众路线的实施方式和方法，而本书在描述性的研究基础上简单测量了群众路线的干部实施情况和农民观察情况，并在此基础上构建了基于群众路线的公共服务信息传导机制，这也是本书的主要创新之处。

第三节　群众路线的实践

群众路线是共产党开展群众工作的方法，也是构建和谐社会以及服务型政府的工作方法之一。从公共服务的管理视角出发，公共管理相关政策的制定和执行，并造福于民是中国政府的主要职责。从政策的制定和执行角度考虑，中国政府的管理制度主要体现为中央政府制定政策和地方政府执行政策。所以，群众路线的实践贯穿于我国社会的不断发展变化中。

21世纪前后，各地为实践"三个代表"重要思想开始实施连心工程，与群众心连心，个别地区还建立了相应的制度。四川省长宁县双河镇在2001年开展的以"定期走访、民情日记和首问责任制"为主要内容的"连心"工程中，干部主要通过进村入户，与农民朋友同吃、同住、同劳动的方式，通过座谈会和院坝会共同讨论农村社会经济发展以及农民增收和农村稳定的问题，征求意见和建议，落实和了解群众关心的难点问题（曾从钦和刘龙泉，2001）。同时，当地的农民也反馈认为干部深入基层与群众同吃、同住、同劳动，可以使得干部能切实帮助农民解决实际困难，使农民感受到党和政府的温暖，增强了增收致富的信心和决心。在此基础上，长宁县还建立了首问责任制，规定老百姓询问的第一人为第一责任人，必须将问题和情况追踪到解决为止，不能解决的也要督促领导和其他同事共同解决。

2012年左右，我国不同省市纷纷采用不同的形式开展群众路线活动，如甘肃省实施的联村联户行动（刘正周，2012；刘晓霞和周凯，2014）、陕西省实施的三问三解活动（杜俊晓和姜峰，2012）、珠海市和丰南市（现唐山市丰南区）实施的连心工程（张立恒，2002；廖辉雄和侯亚群，2011）。甘肃省2012年决定在全省广泛开展"联村联户、为民富民"的行动，要按照"四级联动、综合带动、务求实效、长期坚持"的原则，以联村联户为载体，以为民富民为目的，促进人民群众得实惠、党群干群关系更密切、基层基础更牢固、社会建设更和谐，最终促进农村更好更快发展（刘晓霞和周凯，2014）。在实践中，如靖远县2012年具体通过将"联村联户、为民富民"行为与宣传惠民政策、农村技术培训、小额贷款激励创业、重点项目争取实施、劳务输出和干部作风转变相结合的方式深入细致地从事群众路线工作，帮助群众致富（刘正周，2012）。陕西省为了贯彻党的十七届六中全会和陕西省委十一届八次全会的精神，提出要在全省范围内开展"问政于民、问需于民、问计于民，解民忧、解民怨、解民困"的"三问三解"活动，不同地区采取不同的方式开展，共同为了服务群众、凝聚人心，使群众得到实惠而努力（杜俊晓和姜峰，2012）。廖辉雄和侯亚群（2011）通过阐述基层党群关系存在的问题，结合珠海市斗门区实施党群连心工程的实践和思考进行了研究。具体实践方式包括三大部分：首先，在实施连心工程前，明确连心工程目标和主体、工作内容和对象以及工作方法来正确认识连心工程的作用和方式；其次，在实施连心工程中，通过具体发挥联络员作用、组建辅导宣传队伍、建立长效管理机制三种方式进行连心工作；最后，通过连心工程，充分发挥联络员的作用，为群众办好事、实事，转变了党员工作作风，也建设了基层党组织。

2013年4月，习近平总书记在中共中央政治局会议中提出要在全国范围内开展党的群众路线教育实践活动，主要内容是"为民务实清廉"[①]。随后，各地纷纷开展了群众路线教育及相应的实践活动。当前的研究主要分为两类，一类是分析群众路线的出发点和落脚点、本质特征和要求，从而更好地实践群众路线（王建江等，2013）。廖彦富和王跃飞（2014）通过对党的十八大以来群众路线的研究进行综述，发现在新的时期，党与群众的关系面临新的问题，并提出了践行群众路线的根本原则和途径。另一类是学者主要针对各地实施的群众路线实践为案例，说明当地的群众路线实践情况，并对群众路线的实施进行思考。贵州省望谟县的干部通过走访和住宿等方式与农民交谈，了解农民的疾苦（韦章华和李旎，2014）。山东省曲阜市的干部于2011年2月通过深度调研和试点建立了第一书记"1+1"制度，开展了农村基本情况的调查，深入了解了农村

---

① 中共中央政治局召开会议研究部署在全党深入开展党的群众路线教育实践活动工作，中共中央总书记习近平主持会议（2013年4月19日），https://www.gov.cn/ldhd/2013-04/19/content_2382511.htm。

生产生活现状、经济发展、社会稳定、村庄基础设施建设及群众思想状况等内容，为干部找准农村问题，解决农村问题理清了思路（陶正付，2013）。江苏省无锡市因特有的"苏南模式"专门探索出一些"嵌入式"群众路线典型实践，如华西村"发展靠村民、成果分村民"、水秀社区"服务零距离工作法"、红豆集团"党建与盈利"双发展等（王华华，2015）。

2023年3月，中共中央办公厅向各基层政府和部门印发《关于在全党大兴调查研究的工作方案》，在全党大兴调查研究，并作为在全党开展的主题教育的重要内容。提出必须坚持党的群众路线，从群众中来、到群众中去，增进同人民群众的感情，真诚倾听群众呼声、真实反映群众愿望、真情关心群众疾苦，自觉向群众学习、向实践学习，从人民的创造性实践中获得正确认识，把党的正确主张变为群众的自觉行动。必须坚持实事求是，坚守党性原则，一切从实际出发，理论联系实际，听真话、察实情，坚持真理、修正错误，有一是一、有二是二，既报喜又报忧，不唯书、不唯上、只唯实。必须坚持问题导向，增强问题意识，敢于正视问题、善于发现问题，以解决问题为根本目的，真正把情况摸清、把问题找准、把对策提实，不断提出真正解决问题的新思路新办法。必须坚持攻坚克难，发扬斗争精神，增强斗争本领，勇于涉险滩、破难题，知难而进、迎难而上，把调查研究成果转化为推进工作、战胜困难的实际成效。必须坚持系统观念，深入实际、深入基层、深入群众调查了解情况，把握好全局和局部、当前和长远、宏观和微观、主要矛盾和次要矛盾、特殊和一般的关系，前瞻性思考、全局性谋划、整体性推进党和国家各项事业。

群众路线是我党实施群众工作的主要方法，不论从思想和理论上还是实践中，都有丰富的经验。它也是连接干部和群众的纽带，可以增加干部和群众之间信息的交流与互动，所以在一定程度上可以作为服务供给的信息传导机制的路径。

第三章 服务供给的理论基础与研究回顾

服务供给是基层政府的主要职责,也是为人民服务的重要体现。1943年毛泽东提出的群众路线作为干部的主要工作方法,能够在很大程度上响应群众的需求。围绕农村生产性公共服务,本章从理论层面梳理了农村生产性公共服务供求中的基本理论、相关文献和政策变迁,可为本书开展相关实证分析提供理论依据和分析框架。

第一节 理 论 基 础

一、公共服务供给理论

目前,学术界对于公共服务的供给理论研究主要跨越三个学科,包括经济学、政治学和公共管理学。其中,经济学领域的公共服务供给理论主要是公共物品或服务供给理论和新增长理论,政治学领域的理论主要是政府绩效理论,公共管理学领域的理论包括公共选择理论、新公共管理理论和社会协同理论、新公共服务理论和公民参与理论。

公共物品或服务的供给理论主要强调政府必须提供某些无可替代的非竞争性和非排他性的公共服务,否则社会经济生活将无法保持稳定发展(Samuelson,1955)。不同的经济学流派对于政府在提供公共服务或物品的数量上的角色有不同的认识。以科斯为代表的产权经济学派和以布坎南为代表的制度经济学派认为政府不应该直接干预服务供给,而应通过制度安排来提供激励从而促使公共物品的相关利益方达成一致,进而解决公共物品的数量问题。但另一些经济学家,如Haddad等(2015)和Banerjee等(2011)认为为公众提供公共服务可以在很大程度上提高公众的生活水平和认知水平,从而促进经济增长。

新增长理论主要将经济增长的内生机制集中在知识外溢、边干边学、人力资本积累、研究与开发等产生的报酬递增等问题,从而通过比较不同地区的技术进步来解释不同国家和地区在经济增长和人均收入的长期差异(Romer,2012)。所以,每个人在整个社会经济体系中的学习过程可以在一定程度上提高他们的知识水平和人力资本水平,从而形成整个经济的基本技术水平,最终影响人均增长率。而对于政府而言,其制定的基础设施投资及服务和公共服务供给的政策和经济活动,都会影响到技术的基本水平,进而影响经济增长(魏后凯,2011)。各国的实际数据也表明公共物品或服务的投资在很大程度上提高了经济产出(Morrison and Schwartz,1996;Huang and Rozelle,1996;Fan and Pardey,1992)。

政府绩效理论是政府运用公共权力的资源向大众提供公共服务后产生的效果评价的理论。政府绩效的评估可以帮助政府不断提高公共服务的供给水平,并促使政府机构工作更加科学化和规范化,进而推动社会经济的可持续发展(Kathryn,1997;唐兴霖和唐琪,2010;蔡立辉,2002)。政府绩效评估强调的是公众的需求,鼓励公众参与绩效评估,倡导以公众满意度为评价标准,强调政府工作人员的公共责任感,并形成与公众的有效交流和顺畅沟通,从而最终有利于改善政府形象(蔡立辉,2002)。

公共选择理论的学者认为,尽管任何政治体制之间都或多或少存在某种差异,但是任何体制下的政府工作人员都不仅仅是中立的民意代言人,更是经济学上的"理性人"(Niskanen,1971;缪勒,2010)。在政策制定和执行的过程中,如果缺乏有效的监督机制,同时因上下级政府以及公民之间存在信息不对称,地方政府官员将更多表现自利倾向。在我国政府中,不乏这样的案例和实际情况,也就是一些干部为了自身的效益最大化而牺牲其机构的利益,最终导致政府低效(高彦彦等,2012)。所以,公共选择理论就是政府希望通过民主决策或科学的政府决策过程来决定公共物品的需求、供给和产量,将私人的个人选择转化为集体选择的机制,也就是采用非市场决策的方式对资源进行配置。所以,公共选择理论与传统的政治学理论的区别就是增加了政府干部的经济人假设和方法论上的个人主义。

新公共管理理论和社会协同理论主要强调在整个公共服务的供给过程中,政府与公民以及市场之间要交流和合作,形成有效的政府、社会和市场三者之间的合作和互动,实现社会的"善治"。在国家管理过程中,应该从各种社会事务的大包大揽导致的行政效率低的角色中解脱出来,通过与私人机构、公民社区、非政府组织之间的合作,充分发挥大众的积极性、主动性和创造性,使得很多棘手的行政事务得到良好解决,从而减缓政府压力,形成有效且持续的社会参与机制(部金洲,2010)。

新公共服务理论和公民参与理论认为政府的主要职责是服务而不是掌舵,政府工作人员要通过倾听大众的声音而不是通过行政命令的方式供给公共服务,并提出要构建大众的需求表达机制和公共服务的评价机制。托马斯(2005)的《公共决策中的公民参与:公共管理者的新技能与新策略》强调公民参与是未来政府工作人员必备的一项基本工作技能,也是工作职责中的重要组成部分。公民在广泛参与公共服务管理的过程中,通过对公共服务或行政决策的制定和执行进行监督和影响,最终满足自身对公共服务的需求。

综上所述，公共服务供给的各个理论之间虽有差异，但都倡导公共服务供给在保证主要的公共服务供给者和监督者是政府的前提下，需要积极调动各方群体的参与，并发挥他们的主动性和积极性，从而才能有效地供给公共服务，推动经济增长。

二、公共服务供求均衡理论

农村公共服务的供求均衡就是指农村公共服务供给主体在一定的社会经济环境中，根据对农民所需的农村公共服务的认识，通过相互作用和影响形成的相应制度安排以及不同模式的供给方式，确定出农村公共服务的数量和价格，满足公众的需求，达到公共服务的最优供给和供求均衡，最终实现农村社会整体利益的最大化。目前，从均衡角度研究公共服务供求的理论有林达尔均衡、庇古均衡和萨缪尔森的局部均衡和一般均衡理论。

1. 林达尔均衡

林达尔均衡是瑞典经济学家林达尔在1919年通过基于私人物品供求均衡类似的定价方法建立的公共产品均衡模型。在均衡中，假设每一个社会成员都按照其所获得的公共产品或服务的边际效益的大小来准确捐献自己应当承担的公共产品或服务的资金费用，从而使得公共产品或服务的供给量达到最有效且最佳的水平（李静怡，2006）。也就是说，假设每个公共产品或服务的消费者面临的价格符合其对公共产品或服务的真实评价或偏好，从而使得消费者愿意支付的价格总和等于公共产品或服务的总成本。在此过程中，消费者对公共产品或服务的准确估价，就是消费者需求偏好显示的过程，也是公共产品或服务的有效供给模型。但是在现实的政府环境中，林达尔均衡所要求的消费者准确估价的假设是很难实现的。

2. 庇古均衡

英国经济学家庇古最早从基数效用论出发，假设每个人在消费公共产品或服务时，都可以获得一定的收益或正效用；而由于每个人都必须为生产此公共产品或服务而纳税，因此又会产生税收的负效用。公共产品或服务的供给应该持续到最后一元钱所得到的正边际社会效用等于最后一元钱为公共产品或服务纳税的负边际效用时，也就是说，每个消费者的公共产品或服务的最优供给都发生在公共消费品的边际效用等于纳税的边际负效用（岳书铭，2007）。所以，总的来讲，庇古均衡研究的是资源如何在公共服务和私人服务之间达到最优配置的模型，对于解决公共服务最优供给做出很大的贡献。但由于个人无法明确地揭示自己的偏好强度，因此公共服务的总效用也就无法获得。

3. 萨缪尔森的均衡理论

1）萨缪尔森的局部均衡理论

在局部均衡理论中，萨缪尔森（Samuelson，1954）假定在社会中有两个人，且都有各自的公共产品需求，通过每个人的个人需求数量和价格构建"虚假的需求线"，并垂直相加，得到公共产品的总需求曲线（图3.1）。其中，D_A、D_B 是 A、B 两个人对某种公共服务的需求曲线（即萨缪尔森的"虚假的需求线"），相加得到的总需求曲线 $DD = D_A + D_B$，SS 是该种公共产品的供给曲线。所以 DD 和 SS 的交点 E 就是该种农村公共产品的均衡产量 Q_0 及对应的均衡价格 P_0。P_0 是 A、B 两人消费公共产品应付的价格，P_A 和 P_B 分别是 A、B 两人愿意支付的价格，$P_A + P_B = P_0$。由于每人的支付价格与其消费公共服务或产品获得的边际效用相等，二者支付的价格总和（社会边际成本）也就等于消费公共服务或产品得到的社会边际效用的总和。交点 E 就是社会边际成本和社会边际效用的均衡点，也是公共服务或产品供求达到局部均衡的实现条件，最终实现帕累托最优。同时，DD 是一条带有拐点 G 的曲线，这说明了当供给公共服务或产品的数量超过 Q_1 时，A 将拒绝支付税收，而 B 将支付所有公共服务或产品的生产成本。但由于 A 和 B 对于公共服务或产品的消费量是一致的，但评价却不一样，这也再次说明公共服务无法由市场来统一供给。所以，公共服务或产品的最优供给条件是在每个人都真实显露自己的公共服务或产品偏好的基础上实行区别税收，从而达到消费者对公共服务或产品的总支付意愿等于生产公共服务或产品的总机会成本。

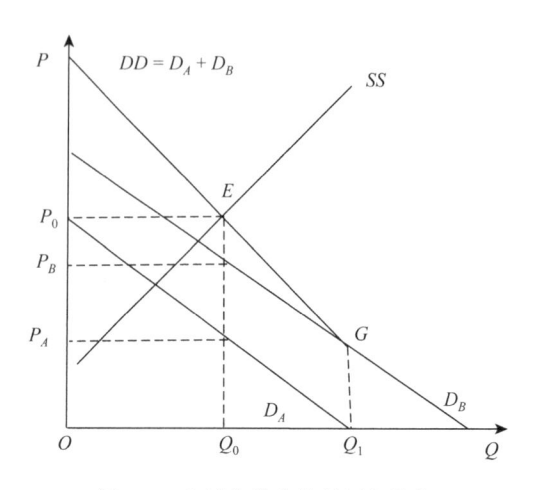

图3.1 农村公共产品的局部均衡

2）萨缪尔森的一般均衡理论

萨缪尔森最早提出公共服务或产品最优供给的一般均衡模型，主要以效用为基准，采用拟线性的效用函数说明均衡理论。该理论假设：社会中有两个消费者，他们拥有拟线性的效用函数 U_A、U_B，两种产品（包括私人服务 X 和公共服务 G），私人产品的消费量分别是 X_A、X_B，消费的公共服务或产品数量相同，生产可能性组合固定，且消费者偏好固定。也就是说，该理论的假设前提就是每个消费者的真实偏好、效用函数和为公共服务或产品支付的价格都是已知的，公共服务或产品的成本是以税收的形式支付的，且税收不会影响产品的相对价格，也不会影响两种产品的组合形式。该理论希望能解出消费者对私人产品和公共产品的消费量最佳组合及相应的价格，也就是帕累托最优值。

假设帕累托最优值为 C，在此点实现最大社会效用 $W = W(U_A, U_B)$。A 的效用函数为 $U_A = U_A(X_A, G)$，B 的效用函数为 $U_B = U_B(X_B, G)$。那么生产可能性边界曲线就为 $F(X_A + X_B, G) = 0$。通过拉格朗日函数 $L = W(U_A(X_A, G), U_B(X_B, G)) - \lambda F(X_A + X_B, G)$ 分别对 X_A、X_B 和 G 求一阶偏导等于 0，最后得到 $MRS_A + MRS_B = MRT$。这就是著名的萨缪尔森一般均衡模型，说明当公共服务或产品与私人服务或产品的边际转化率之和等于所有人的边际替代率时，就实现了公共服务的帕累托最优。此处的边际转换率其实就是政府为供给公共服务所付出的机会成本。也就是说，政府供给的公共服务的数量在边际产量上的边际成本要等于边际公共产品所应支付的税金之和（Samuelson，1954；Samuelson and Paul，1955）。但萨缪尔森也指出无论在任何社会，都不可能构造一个政府决策过程可以显示满足帕累托最优条件的公共服务或产品数量所需的偏好信息。其中，只有满足完全信息的前提假定下，通过市场机制的作用也许才可以把公共服务的偏好传递给政策制定者。

综合上述的公共服务或产品供求均衡理论，在消费者的公共服务或产品需求已知的前提下，可以得到公共服务的有效生产图（图 3.2）。在供给曲线 SS 上，对于每个产出水平，价格代表多生产一单位公共服务或产品，需要放弃多少单位的其他服务或产品，即边际成本或边际转换率。在集体的公共服务或产品需求等于供给的公共服务或产品水平时，边际支付意愿总和就等于生产的边际成本或边际转换率。由于在集体需求曲线 DD 和供给曲线 SS 的交点 C 所生产的产出水平 Q_0，代表着多生产一单位公共服务或产品的边际收益等于边际成本，或者边际替代率之和等于边际转换率，所以此产出水平 Q_0 就是帕累托最优值（Stiglitz，1999）。

但是这样确定的公共服务或产品供给水平只能从图表中获得，在现实社会中无法获得。这是由于现实生活的复杂性和多元性及个体的有限理性，公共服务或产品的需求偏好通常情况下是未知的，且很难计算和估计，那么代表公众需求表达结果

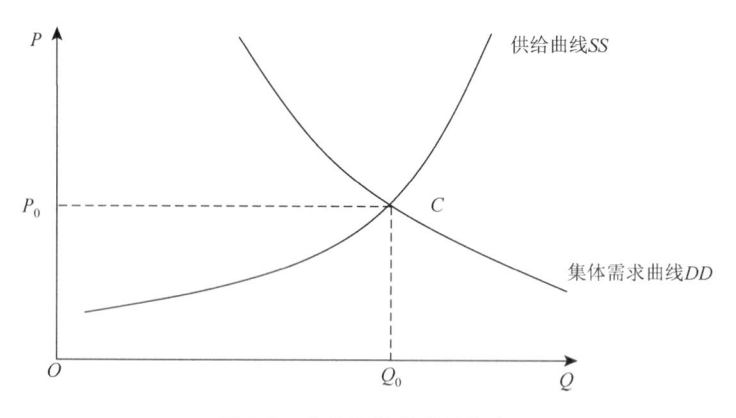

图 3.2 公共服务的有效生产

的集体需求曲线也就很难获得。同时，公共服务或产品的供给水平的决策也不是由个人做出的，而是由政府做出的，所以生产的帕累托最优点取决于政府公共政策执行程序（Stiglitz，1999）。

因此，农村公共服务的供求均衡其实是一个从农民公共服务或产品需求表达到公共服务或产品供给方供给公共服务的动态过程以及持续反馈的过程，最终会实现均衡状态。由于均衡是一种相对概念，是相对于一定的经济环境、农民行为习惯以及制度规则后的"最优"选择结果。同时，又由于本书在前提假设中强调农民和干部是有限理性的，所以这种均衡也不是客观上的最优，而是自认为的最优。所以，公共服务的供求均衡的另一个衡量标准就是农民的满意度。对于公共服务或产品供求信息的获取也是实现公共服务或产品最优供给的关键问题。这也是本书研究和探讨的内容。

三、公共政策过程理论

公共政策是动态变化的过程，所以政策过程与政治过程有同构性，都在不断变化。同时，公共政策作为连接政府部门与社会公众的重要桥梁，是解决公共管理问题和社会经济问题的主要途径之一。政策过程理论，也叫政策生命周期理论，试图通过阶段性的描述，对政策进行程式化的分析。具体而言，主要划分为九大过程：问题出现、问题确认、议程建立、政策规划、政策决策、政策执行、效果评估、政策修正、政策终结（图3.3）。其中，前五个过程是广义决策，后四个过程是广义执行。任何一个社会都存在一些需要重视和解决的问题，在解决社会问题的实践中，社会实现了不断的进步和发展。公共政策就是为了解决这些社会问题而制定的。社会问题的确认是界定社会问题的性质、深度和广度、严重程度和关联性，寻找进入政府政策议程的途径及进行社会问题分析的基础。政策议程的建立则是将社会问题转化为政策问题的关键环节。政策规划是政策方案策划、设计、评估和选择的过程，是政策制定的核心环节。政策执行就是将政策方案的内容转化为客观现实的过程，是政策执行者需要充分利用各种政策资源，建立必要的组织机构，利用多种技术手段，将观念转化为现实的过程，是有效解决政策问题，实现政策目标的关键环节。政策的效果评估也叫后评估，人的主观局限以及社会环境的复杂多变，导致政策的结果与预想的结果难以相符，所以通过对政策效果的分析以及信息的不断反馈，可以不断地改进政策，决定政策的未来方向。政策的不断修正，以适应客观存在的问题是政策执行的必要选择，也是不断探索、学习、调整和完善的过程。通过执行效果的评估，可以发现一些政策会达到预期效果，还有一些政策偏离既定目标，也就是政策失败或部分失败。这样的政策执行下去，会造成政策资源的浪费，还会错失解决问题的时机。政策过程的最后一个阶段是政策终结，即通过对失败政策和成功政策的总结和思考，推动政策过程进入新一轮的政策过程循环（谢明，2002）。

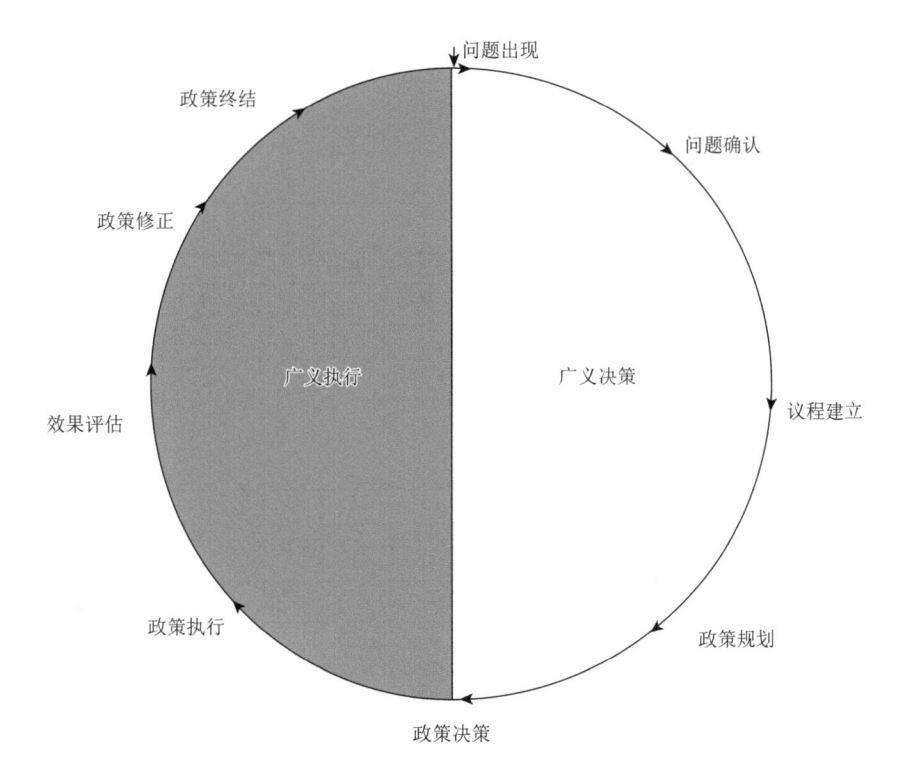

图 3.3 政策过程理论模型

宁骚（2003）针对我国公共政策的实际经验和理论，通过全面、系统地分析得到我国特有的公共政策理论是"上下来去"公共政策过程理论（图3.4）。该理论是在整理毛泽东思想关于认识论、思想方法论、工作方法论的思想资料的基础上建构的模型。政策制定过程在认识论上是一个从"形而下"到"形而上"的过程，政策执行过程在认识论上是一个从"形而上"到"形而下"的过程，与此同时，整个政策过程在政策主体与政策客体的关系上则是"从群众中来，到群众中去"的过程，也即"上下来去"政策过程理论。在图3.4中，用虚线隔开政策过程的不同阶段，表示这些过程之间的划分是相对的。政策过程就是主观认识世界、改造世界的过程。公共政策的主体是执政党和公共权力机关，它们只有在独立自主的条件下才能真正地、完全地按照"上下来去"指示的决策路线去制定和执行政策。

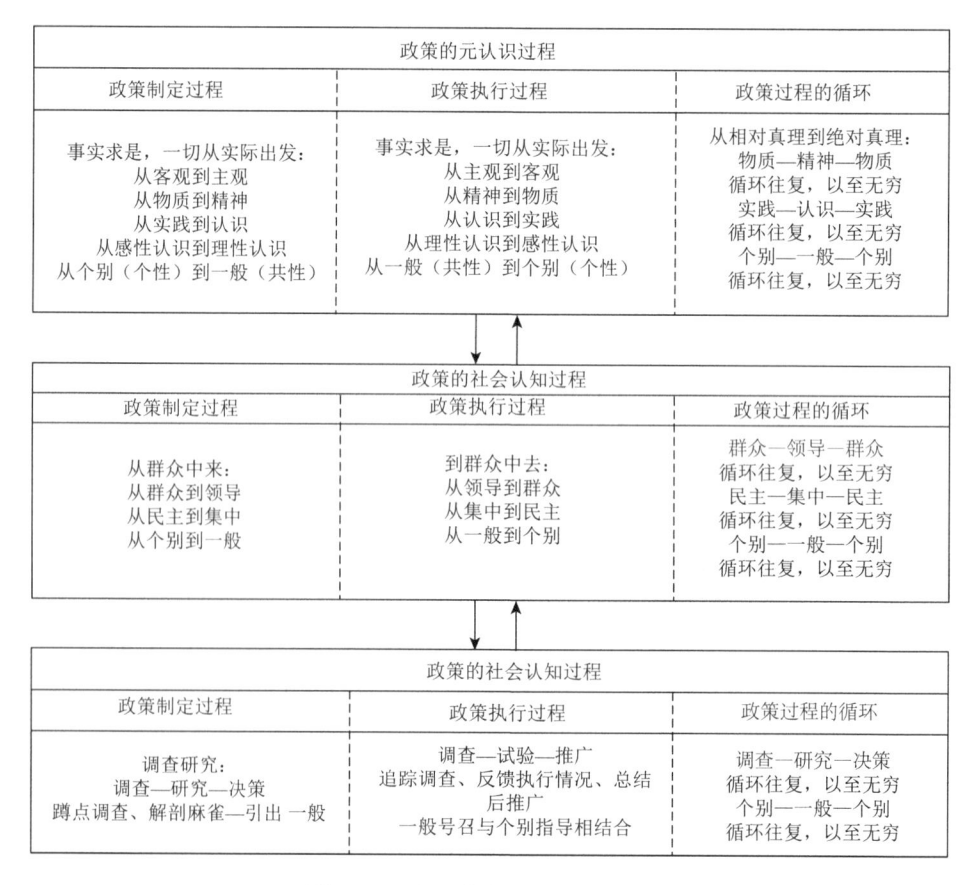

政策的元认识过程		
政策制定过程	政策执行过程	政策过程的循环
事实求是，一切从实际出发： 从客观到主观 从物质到精神 从实践到认识 从感性认识到理性认识 从个别（个性）到一般（共性）	事实求是，一切从实际出发： 从主观到客观 从精神到物质 从认识到实践 从理性认识到感性认识 从一般（共性）到个别（个性）	从相对真理到绝对真理： 物质—精神—物质 循环往复，以至无穷 实践—认识—实践 循环往复，以至无穷 个别——一般—个别 循环往复，以至无穷

政策的社会认知过程		
政策制定过程	政策执行过程	政策过程的循环
从群众中来： 从群众到领导 从民主到集中 从个别到一般	到群众中去： 从领导到群众 从集中到民主 从一般到个别	群众—领导—群众 循环往复，以至无穷 民主—集中—民主 循环往复，以至无穷 个别—一般—个别 循环往复，以至无穷

政策的社会认知过程		
政策制定过程	政策执行过程	政策过程的循环
调查研究： 调查—研究—决策 蹲点调查、解剖麻雀—引出一般	调查—试验—推广 追踪调查、反馈执行情况、总结后推广 一般号召与个别指导相结合	调查—研究—决策 循环往复，以至无穷 个别——一般—个别 循环往复，以至无穷

图3.4 "上下来去"政策过程理论

资料来源：宁骚（2003）

政策执行是政策过程理论的重中之重。政策执行就是政策执行者通过解释、实施、服务、宣传等行动方式将政策观念转化为现实效果，实现政策目标的过程。政策执行者和执行机构的主客观条件，对政策执行成果起着非常关键的作用。主观上，政策执行者对政策的理解，以及对政策执行的积极程度，都会影响政策执行的效果；客观上，政策执行者所拥有的资源，以及是否拥有足够的执行能力，也影响着政策执行的效果（谢明，2002）。政策执行是需要一系列活动去付诸实施的，其中主要的活动包括解释、组织和实施。解释是将政策内容转化为民众所能接受和理解的指令；组织是建立政策执行机构，拟定执行的办法，实现政策目标；实施是由执行机关提供例行的服务和设备，支付经费，完成政策目标。

四、社会认知理论和马克思主义认识论

1. 社会认知理论

社会认知理论认为在一定的社会背景下，个人认知的形成是通过个人与他人的互动沟通及体验后的直接观察获得的（Bandura，2011）。对于认知和观点的形成，社会认知理论有许多假设，但最重要也是首要的是曝光的概念。尽管社会认知理论侧重于直接观察，但也有侧重于了解行为和态度的媒体合成理论，如大众传播的社会认知理论（Bandura，2002），即媒体曝光某事件的次数越多，个人被说服的可能性越大。McGuire（1985）发展了一个合成媒体曝光模型，证实了教育和媒体曝光都会影响人们的态度。Petty 和 Cacioppo（1990）、Petty 等（1981）提出直接观察和媒体曝光对行为和态度会产生最大的影响。因此，如果直接观察是说服力的重要组成部分，那么这个理论说明当评估个人态度时将直接观察的效应和媒体效应区分开是可能的。也就是说，知识可以通过新闻媒体之外的观察及体验获得。

因此，本书假设通过直接（或间接）的观察得到的知识与通过新闻媒体获得的信息是不同的。知识和信息的获得属于信息经济学研究的范围，其在一定程度上影响人们的决策，同时也会影响经济产出（Guiso et al.，2006）。所以，社会认知理论可以解释群众路线的实施如何影响干部的行为和村民对政府的看法。

2. 马克思主义认识论

马克思主义认识论，也就是辩证唯物主义认识论，是关于认识的本质、来源、发展过程及其规律的理论。该理论包括实践观、真理观和认识观，即认识从实践中产生，随实践而发展，认识的根本目的是实践，认识的真理性也只有在实践中才能得到检验和证明；认识的发展过程是从感性认识到理性认识，再由理性认识

到能动地改造客观世界的辩证过程。人们想要形成正确的认识，往往需要经过物质与精神、实践与认识之间的多次反复；社会实践的无穷无尽决定了认识发展的永无止境（刘秀萍，2007）。

马克思曾强调，认识是人们对客观世界和实践过程的反映。实践是认识的基础，也是"人类感性的活动"和"客观的活动"，在活动中又能体现个人活动的"革命性"和"能动性"，人们的社会生活在本质上也是实践的。同时，实践也是检验认识的标准，人们的思维过程是否具有客观真理性，也是一个实践的问题，而不是理论的问题。实践也是改造世界的活动，是认识世界的目的，环境的改变和个人活动的一致性都会随着实践产生新的认识。认识过程也是客观与主观、实践与认识的辩证运动的复杂过程。个人的认识能力是无限的，同时又是有限的。也就是说，无限的东西是可以认识的，但对无限的东西的认识又是在一个由有限向无限接近的无限的进步过程中实践的（衣俊卿和周凡，2012）。

供给主体和需求主体对供求信息的认知情况，以及干部对农民需求的认知一致和农民对干部及县政府提供公共服务的满意度的形成是个人的主观看法。所以，本书考虑基于社会认知理论和马克思主义认识论来解释人们主观看法形成的原因。

第二节 研究综述

联合国开发计划署 2008 年 11 月 16 日在北京发布的《中国人类发展报告 2007/08》指出，基本公共服务是经济发展的重要条件，同时也是缓解社会矛盾，促进社会公平正义的重要手段（中国改革发展研究院，2008）。公共服务的供给有助于提高人的身体素质和文化素质，促进人的全面发展，同时还会促进人们的消费，拉动投资，最终推动经济增长（匡贤明，2009）。在全球各地的经济快速发展中，健康的改善和技术的发展促进了经济增长，如 1970～1995 年的墨西哥和亚洲的经济奇迹（王陇德，2005）。但与此同时，各国的社会发展也见证着因公共服务不足，导致居民健康和收入水平下降，最终对经济增长产生副作用，如加纳的人均寿命较低，导致年 GDP（gross domestic product，国内生产总值）降低 6 亿美元左右（WHO，2006）。所以，公共服务的供给对于我国经济的可持续发展以及缩小城乡差距非常重要。

一、农村公共服务供给主体的研究综述

农村公共服务的供给主体就是公共服务的供给者或供应单位，是供给个体经组织共同做出集体决定或决策、政策的利益共同体（Oakerson，1999）。公共服务的供给过程就是供给主体集体决策的过程。目前，除了政府外，还出现了一些非

政府组织或企业，如农民协会、农村合作经济组织、社区联合会、地方龙头企业等供给农村生产性公共服务。但总体来讲，主要分为三类：政府供给、市场供给、第三部门供给，但三者之间的界限仍旧不清晰。但不论是何种供给方式，都需要解决6个问题：①需要提供何种农村生产性公共服务（也就是各类供给方式的边界如何确定）；②需要提供多少农村生产性公共服务；③如何供给或生产农村生产性公共服务；④如何衡量并计算供给农村生产性公共服务的效果；⑤需要筹集多少资金，以及筹集资金的方式；⑥怎样规制农村生产性公共服务的需求者以及规制的程度和类型（Joseph and Stiglitz，1999；吕明君，2009）。

（1）政府供给。公共服务的外部性和非排他性、信息不对称、免费搭车、交易成本、农民资金匮乏等原因，决定了政府是最主要且供给规模最大的供给农村生产性公共服务的主体。同时，基层政府又是提供农村生产性公共服务的中坚力量（王雨婷，2011；宋紫峰等，2011；周黎安和陈伟，2015）。由于政府提供生产性公共服务不等于政府直接生产公共服务或产品，所以生产性公共服务可以不必完全由政府投资，而是可以通过社会资本或委托及补贴私人来生产公共服务。那么，基层政府的能力就直接关系到公共服务的供给水平和公共资源的利用效率，对合理回答上述6个问题非常关键（Cohen，1995；Brown，2001）。

基层政府的公共服务能力及质量的研究主要包括基于案例分析和实证分析两类方法进行理论探索（国家行政学院课题组，2009；林万龙，2009；李晓园，2010）。国家行政学院课题组（2009）通过山东省胶州市九龙镇[①]的公共服务标准化的案例试验提出要想供给成熟的公共服务标准，必须解决人员、经费、管理和考核四个方面的制度问题。李晓园（2010）认为县级政府公共服务能力的高低直接关系着能否全面建设小康社会和实现和谐社会的目标，并提出县级政府公共服务能力包括规划能力、资源汲取能力、资源配置能力、执行能力、危机管理能力五种能力，其中执行能力是影响基层政府公共服务能力的主要能力。另外，公共服务能力的影响因素包括行政环境、人力资源、政府回应和行政文化四个方面，且实证检验发现政府回应情况直接影响公共服务的执行能力。林万龙（2009）认为在基层政府中，省级政府和中央政府是农村公共建设的资金来源，而县乡政府主要是公共建设的主体。与乡镇级政府相比，县级政府的财政资金除提供政府内人员的工资外，还承担教育、卫生、农业服务、农村水利、交通等提供相关公共服务的政府事业单位的人员工资及保障，所以县级政府是农村公共服务供给中的主要角色。

（2）市场供给。生产性公共服务的有效供给是建立农村及农业市场的前提和

---

① 九龙镇，旧镇名，位于山东省胶州市境南部，2012年12月，撤销九龙镇、元溪街道、营海街道，合并设立九龙街道。

基础，农业市场的建立、市场信息的传导、物流渠道的建立、农业商品储存环节都需要基本的生产性公共服务的供给，所以市场供给也是农村生产性公共服务供给的主要方式。但相比较市场而言，政府仍旧是主要的供给主体（倪峰，2007）。这是由于政府受限于自身信息、资金和服务能力，市场可以作为合理配置资源的补充路径，提供一部分具有非竞争性或排他性的准公共产品。

（3）第三部门供给。由于各地区社会经济发展的差异，经济欠发达地区的市场较不完善，基层政府提供的供给公共服务有限，所以一些社会组织不断涌现，在农村建立合作社，帮助经济欠发达地区建立相应的生产性公共服务。这种模式，在某些程度上具有了政府和市场所不具有的供给公共服务的独特优势。

基层政府仍旧是农村生产性公共服务的主要供给主体。在实践中，我国的基层政府主要按照不同的部门为农民提供公共服务，如农业农村局主要提供与农业相关的生产性公共服务，民政局主要提供与救济等相关的生活性公共服务，生态环境局主要提供与环境保护相关的公共服务，自然资源局主要提供与土地资源相关的公共服务，科教局、教育局主要提供与教育和科技相关的公共服务，人社局主要提供与社会保障相关的公共服务，信访局主要提供与广大公众信访相关的公共服务等。纵观这些基层政府的各个部门，其中与农民接触最多的应该是农业农村局，其服务主要为与农村农业生产服务相关的农业信息发布、农业技术指导和农业市场监督等具体公共服务（李彤等，2008；罗万纯，2013；冯林和张自尧，2013）。

二、农村公共服务供求现状的研究综述

随着我国"三农"政策的落实和新农村建设的推进，大量国内外学者开始关注农村经济和社会的发展，其中农村公共产品或服务的供给和需求是非常重要的研究视角。在学术界，主要就我国农村公共服务或产品的供给理论、供给现状、时空变化和相关影响因素开展了大量的研究，并针对这些问题进行了讨论。

综合当前对农村公共服务供给的研究，主要分为以下五个方面。①基于微观数据分析和阐述公共服务的供给现状及变迁，但不同研究的观察视角不同，目前主要以村庄和农户的两个视角开展研究。其中，部分研究以村为研究单位描述我国农村基础设施或服务的投资和管理现状（张林秀等，2005；颜媛媛等，2006；赵宇和姜海臣，2007；罗万纯，2014；杨云帆，2015；王爱琴等，2016；Wang et al.，2016）。②公共服务的供给数量不足的情况逐渐有所改善，但供给质量差仍旧是农村公共产品供给的重要问题（朱玉春等，2011）。③从公共服务满意度视角分析供给效果的影响因素角度看，主要的研究分为对单个公共产品满意度的影响因素和对总体公共产品满意度的影响因素两方面。农户对公共产品或服务的满意度主要受农民

个人因素和公共服务政策影响（李燕凌和曾福生，2008；孙翠清和林万龙，2008；朱玉春等，2011；何兰萍和傅利平，2019）。④公共服务的供给对农村生活产生的影响，不仅包括农民收入的提高，而且也包括农村的生活、生产和消费水平的提高（尹文静和McConnel，2012；尹文静和McConnel，2015）。⑤农村公共服务供给水平，不仅受政府财政的影响，也受公共服务供给者的影响。村干部的选举会提高农村的公共投资水平和公共服务水平，但政府自身对农村需求认知的水平却降低了农村公共投资的效果（罗仁福等，2006；王海员和陈东平，2012；王淑娜和姚洋，2007；杨丹和章元，2009）。另外，地区的经济发展水平和政府干部选举的竞争程度会提高公共投资的效率（张林秀等，2005；陈东平和王海员，2013）。政府的政策（如税费改革）和政府投资不均衡都会对经济欠发达地区的公共投资产生短期负面影响（罗仁福等，2006）。政府独自供给的供给模式也影响着公共服务的有效供给（贾康和孙洁，2006）。

目前，国内外关于农村公共服务需求的研究，主要集中在需求的不同表达方式和对公共服务的认知情况两个方面，其中需求的表达方式包括满意度、投资意愿和需求偏好次序、支付意愿。由于满意度和投资意愿在很多文献中是相互补充的，所以放在一起讨论。具体包括以下四个方面。①一些关于农民公共服务的需求偏好研究主要通过满意度和投资意愿、需求意愿分析的方式表述（李强等，2006；张素罗和张义珍，2007；易红梅等，2008；张立荣和李名峰，2012；蒋月亮等，2013）。②一些研究基于需求偏好次序来分析农民公共服务的需求（李义波，2004；唐娟莉等，2011；孔祥智等，2006；刘义强，2006；方堃，2011）。③一些研究主要通过对公民进行支付意愿调查的方式，了解公民的需求状况和影响因素（孔祥智和涂圣伟，2006；周玉玺等，2012；张立荣等，2011）。④一些研究从公共服务需求方的角度分析政府提供的公共服务的利用情况以及农民对公共服务的认知情况都会影响公共服务的利用效率（常芳等，2014；易红梅等，2011；刘莹和王凤，2012）。

如上所述，很多学者开展了整体的农村公共服务供求情况的研究。尽管农村生产性公共服务在农村经济发展过程中起着非常重要的作用，但对于农村生产性公共服务供求现状的研究却较少。本小节从三大方面对此陈述当前的研究综述：供给现状、需求现状和供求失衡。

（一）供给现状的研究综述

国内大多数关于农村生产性公共服务的供给研究主要采用宏观统计数据和微观调查数据来开展研究，基本上对我国农村生产性公共产品的供给形成了一致的认识。

（1）一些学者通过 DEA（data envelopment analysis，数据包络分析）方法研究我国各地区及整体的农村生产性公共产品供给的整体效率，但结果不一致。余凌（2012）计算了我国 2006~2008 年的农村生产性公共服务的投入产出效率水平，结果发现效率较高，但仍有一些投入存在结构不合理、规模效益不高等问题，有很大的改善空间。黄利会和叶慧（2009）计算了我国 2003~2005 年的农村生产性公共服务供给效率，但纯技术效率非常接近整体效率，所以可以推断供给结构不合理是造成供给无效的主要原因。刘其涛（2013）针对 2000~2008 年的河南省 18 个地市的面板数据分析得到河南省的供给无效率，且供给综合效率和纯技术效率存在显著差异。杨艳秋（2015）计算了安徽省的农村生产性公共服务供给效率，结果表明 2004~2005 年供给无效率，但 2005 年后供给有效，但各地区之间差异显著。

（2）一些学者通过微观调查数据研究我国农村生产性公共产品供给现状和影响因素（李大胜等，2006；李显戈和姜长云，2015；邓宗兵等，2018）。李大胜等（2006）从总量、结构和体制三个方面描述了我国农村生产性公共服务供给的整体现状，主要表现为因农业投资不足导致的总量不足，急需的公共产品供给不足而较少需求的公共产品供给过剩导致的供求结构失衡，因制度外财政、供给主体错位和自上而下的制度外供给决策导致的供给体制的缺陷。李显戈和姜长云（2015）通过对 10 个省（自治区）的研究表明，政府及政府部门仍旧是农民获取农业技术服务的主要渠道，也是农村生产性公共服务信息获取的主要渠道。

尽管这些研究陈述了生产性公共服务的供给现状，但目前没有从供给者的视角开展供给现状的调查。因为生产性公共服务的供给者是农业干部，干部作为实际提供生产性公共服务的主要执行者，其观点、态度和行动关乎公共服务供给的整体情况。

（二）需求现状的研究综述

国内对于农村生产性公共服务的需求现状的研究，分别采用不同的方法表示农民的需求现状，如了解程度、满意度、需求排序或有估价法等方式来表达需求情况（李显戈和姜长云，2015；俞锋等，2008；支勉和朱玉春，2014；庄丽娟和贺梅英，2010；庄丽娟等，2011），以及研究需求意愿的影响因素。按照研究方法的不同，具体研究概括为以下三类。

（1）基于了解程度、满意程度计算生产性公共服务的需求意愿。李显戈和姜长云（2015）从农民对农田灌溉服务、施肥撒药服务和农业技术服务三项农村生产性公共服务的接受程度、了解程度和满意程度三个方面来显示农民的需求现状，并采用描述统计的方法得到农民对农村生产性公共服务的接受程度较低，且了解程度和满意程度都较低。同时随着农民专业化程度的提高，也就是从以农业为辅的农民，到以农业为主的农民，再到农场类农户，他们对农村生产性公共服务的了解程度和满意程度都逐步提高。基于荔枝主产区的42个县294份问卷调查资料，庄丽娟和贺梅英（2010）采用多元Logit（逻辑）模型实证分析得到农民对荔枝产前产中的服务技术需求较强，而对产后技术的需求较弱。而影响农民技术服务需求的影响因素主要是农民的个人特征，其次还包括农户的种植粮食的面积、非农收入和参加技术培训的情况等。蒋月亮等（2013）通过对陕西省366个农户的调查得到农民对生活性公共服务的满意度高于生产性公共服务，就支付意愿而言，农村科技信息项目最高。所以今后在知识经济时代要不断提高信息和培训类知识服务的供给。

（2）基于需求排序来研究不同生产性公共服务的需求差异。庄丽娟等（2011）通过对7种生活性公共服务的需求排序来研究农民的需求强度，结果表明农民对技术服务、销售服务、农资购买服务、资金服务、信息服务、保险服务、包装服务等的需求强度依次降低；并采用多元Logit模型研究需求意愿的影响因素，结果表明性别和年龄对农民的需求强度有一定的影响，农民的个人特征和信息的获取渠道对其生产性公共服务的需求意愿有很大的影响作用。张露等（2017）通过研究农民对10种气候灾害响应型生产性公共服务的需求排序来研究需求意愿，结果表明农民对水电路基础设施恢复等灾后保障性服务及保险定损理赔等协助性服务的需求水平较高，但对病虫害防治、农机维修等一般性补救性服务的需求水平较低。王谦（2008）通过对山东省三县的研究得出社会性公共服务（社会保障、医疗卫生和义务教育等）的公众满意度较低，但需求较高，故希望供给的排序靠前；基础设施类公共服务（道路建设、水利设施和农村电网等）因其绩效容易显现，故政府供给较充分，农民满意度较高，且需求较高，希望供给的排序也靠前；由于农业信息、技术培训和科技服务等公共性信息服务在各地均短缺，故满意度较低，但需求较高。

（3）基于或有估价法计算生产性公共服务的支付意愿来研究需求意愿。该类研究主要集中于农田水利设施的研究（支勉和朱玉春，2014；朱玉春和王蕾，2014；孔祥智和涂圣伟，2006；俞锋等，2008），表明需求意愿受农民个人特征、家庭特征和村庄集体特征共同的影响，但不同的研究侧重点不同。具体地，支勉和朱玉春（2014）的结果表明村庄的特征比农户个人特征对农民支付意愿的影响要大，也就是整体政策的影响要比农民个人的具体情况对农民的支付意愿更强。朱玉春和王蕾（2014）则侧重于不同收入水平的农村生产性公共服务需求意愿的差异研究，结果表明随着收入水平的提高，农户的个人因素比村庄的集体因素对需求意愿的影响更显著。而对于不同收入水平的农民，村庄整体因素中的村庄的地理特征、机井总数、水利管理人数和农民个人因素中的可灌溉面积率、灌溉等待时间和价格期望差都影响着农民的需求意愿。孔祥智和涂圣伟（2006）基于2005年的研究结果表明村庄的整体特征对需求意愿的影响大于家庭特征，而家庭特征的影响又大于个人特征。俞锋等（2008）采用Logit模型估计了江苏常州农民对生产性公共服务的需求意愿以及需求意愿的影响因素，结果表明农民的需求意愿不仅受农民个人特征、家庭特征的影响，也受农民所在村庄特征的影响，其中，农民的文化程度、灌溉缴费和水田面积的影响程度最大，不会因地区发展水平的差异而产生不同。

（三）供求失衡的研究综述

农村生产性公共服务属于农村公共服务中的一类公共服务，也面临着公共服务相类似的供求失衡问题，主要分为两个方面，一方面是总量失衡，另一方面是结构性失衡。其中，总量失衡是指农村生产性公共服务供给的总量无法满足农民对它的需求；结构性失衡是指在特定的供给水平下，因供给制度、供给方式、供给内容、供给环节、筹资模式等因素导致的供给和需求间的差距。改革开放后，国家对于农村生产性公共服务的投资额不断增加，且一直高于全社会的投资额，但供给总量仍旧不足（李大胜等，2006）。随着社会经济的发展，供给总量会不断提高，但结构性失衡却不会因总量的改善而发生本质性的改善。所以，在现有总量不足的情况下，关注结构性失衡问题，可以在一定程度上提升公共服务的供给水平和效率。通过阅读文献，发现农村生产性公共服务供给的结构性失衡问题产生的原因与农村公共服务结构性失衡的原因一致，也包括三个方面：①政府职权和事权不一致的管理体制；②"自上而下"的公共服务供给决策机制；③需求表达机制的缺乏和公众监督价值不健全（李大胜等，2006；孔兆政和叶兴艺，2013）。

公共经济学的理论表明，只有公共服务的供给与对其的需求达到均衡，公共服务的消费者效用才能达到最大（缪勒，2010）。农村公共产品或服务的供求失衡主要分为两个方面，一方面是总量失衡，另一方面是结构性失衡。其中，总量失衡是指农村公共服务的供给无法满足农民对它的需求；结构性失衡是指在特定的供给水平下，因供给方式、供给内容、供给环节等因素导致的供给和需求间的差距（林万龙，2007）。我国实施"三农"政策以来，农村公共服务供给的资金和数量都得到了大幅提升，但供给总量还远远不够。总量失衡会随着经济的发展不断得到改善，但结构性失衡却影响着公共服务资金的使用效率，若能有效解决，也会在现有条件下大幅提升公共服务的供给水平。农村生产性公共服务与农村公共服务类似,面临着相同的问题,笔者主要就结构性失衡问题产生的原因进行梳理和总结,主要分为以下三个方面。

首先,政府财权和事权不一致的管理体制(贾康和孙洁,2006)。公共服务的供给是基层政府的主要职责,但服务型政府的建立需要较高的经济发展水平和政府管理水平(朱光磊,2013)。由于基层政府财政的困难,尤其是中西部经济欠发达地区的县乡财政短缺,没有稳定的财政来源,又没有有效且持续的转移支付,无法像东部沿海地区的政府一样提供基本的公共服务,有些甚至仅仅能维持政府的基本行政运转。

其次,"自上而下"的公共服务供给决策机制(贾康和孙洁,2006)和重经济的政绩评估体制(连珂和王杰敏,2007)。公共产品的供给主要通过上级政府的行政命令和相关政策推动的方式来提供,无法有效调动基层政府干部和公众的积极性,从而也导致了农民需求与政府供给之间的结构性失衡。同时,一些地方官员晋升和政府绩效评估体制的两大标准是"以经济建设为中心"和"稳定压倒一切",而不是公共服务的有效供给。(高彦彦等,2012)。

最后,需求表达机制的缺乏和公众监督机制的不健全(汪志芳,2006;张益丰和张少军,2009;王春娟,2012)。一些学者建议通过税制、取消户籍等方式来显示公共服务的需求表达机制(阎坤和王进杰,2000;罗丽英和姚卫,2012)。但这些方法在短期内很难实现。还有一些学者认为农民自我选择公共物品的路径是在村民自治基础上的利益表达和公民参与,但这需要农民形成公民意识和责任,并愿意积极参与(王春娟,2012)。

通过对农村公共服务和生产性公共服务的文献梳理发现,农村公共服务的研究范围较广,研究内容较多,但农村生产性公共服务的研究较少,而两者的供给需求存在的问题都是一致的。供给总量不足、结构性失衡和供给制度的缺陷是供求失衡的主要原因。要想解决农村公共服务供给的问题,在现有的供给制度不变的情况下,结构性失衡的解决是解决供给失衡的主要途径。结构性失衡主要表现为供求内容的不匹配、供给方式的不适当、供给机制过于单一、供给中的重建设轻管护和重县城轻乡村(林万龙,2007)。其中供给内容的不匹配是公共服务的供给者和需求者之间的供给认知决定的(贾康和孙洁,2006)。如果能够解决供求内容的匹配问题,那么供给制度的缺陷也可以在一定程度上得到缓解,从而有助于解决公共服务结构性失衡的问题。

要解决供求内容不匹配的问题,在长期内需要通过寻求制度性的变革来解决,但在短期内可以建立尽可能顺畅且对称的信息沟通渠道来解决。所以,笔者接下来通过对公共政策的信息传导机制的研究进行综述以阐述农村公共服务信息传导机制的现状和可能途径,希望能够为结构性失衡的问题解决提供一些思路和方法。

三、农村公共服务供求信息传导机制的研究综述

(一) 政策信息传导机制的研究综述

1. 政策信息传导的定义

政策信息传导的研究者主要从两个视角研究政策信息的传导问题,一是将政策信息传导作为政治传播的研究范畴,二是政策传导是政策执行的一项工作内容(严荣,2002)。本书将两者结合,认为政策传导主要倾向于政策信息的传导,包括了政策通过政治媒体宣传和实地执行两种途径进行信息传导的具体过程。

所以,政策信息传导可以形象地解释为政策执行者或传导者把政策信息从政策制定者传给政策受益对象,或是政策受益对象通过政策执行者或传导者将政策需求信息传给政策制定者。所以,政策执行过程就是政策执行者通过政策信息的传导将政策制定者和政策受益者联系,最终得以实现政策制定者针对政策受益者想要实现的某个既定目标。因此,信息传导是政策不可或缺、不可忽视的重要内容,是政策系统运作的基本要素之一。

2. 政策信息传导机制的研究范围

政策信息传导机制是指政策系统内的主体通过资源优化利用,并将政策付诸实施(即具体的活动或相互作用),从而达到最优的途径和方式,是控制整个政策过程的"软件"。其中政策系统内部的主体包括政策的制定者、实施者和政策对象三部分。如环保政策中企业就是政策实施的对象,政府在制定政策时就必须准确把握企业的行为,才能使得政策起到管制和约束的作用(原毅军和耿殿贺,2010)。对于政府实施的公共政策而言,往往由于政策主体中的实施者不作为或有选择的作为,无法有效地利用政策内的资源,同时致使下情无法上传,上情也无法下达,最终使得政策制定者无法考虑社会利益的诉求,严重时会导致政策根本无法在社会中付诸实施,也就是公共政策的制定最终是失效的。公共政策传导失效的根本原因是缺少有效且可行的制度长期存在(王春福,2009)。另外,政策内部的资源包括资金来源和分配。政策付诸实施的方式主要是通过具体的政策活动来加强政策制定者、实施者和政策受益者之间的相互作用。

对于政策传导机制的学术研究,以货币政策传导机制和财政政策传导机制的理论研究较多(刘玉红等,2006;Wang and Firth,2004;Qiao et al.,2008),但近些年也逐渐出现一些关于公共政策方面的政策传导机制,如节能减排政策传导机制(谭利和江月,2012;张丽丽,2013)、公共政策系统传导机制(李韶青,2005;邓

毅，2007；严荣，2002；王春福，2009；孔微巍和王非非，2012)、环境政策传导机制（原毅军和耿殿贺，2010；万建香，2011)和新兴产业培育传导机制（洪勇和张红虹，2015)、货币政策传导机制（储峥，2012)等。所以，研究政策传导机制对政策系统内各主体供给公共服务的水平提升和效率的提高，以及政策的最终落地都非常关键。

3. 政策信息传导机制的研究内容综述

公共政策是政府为解决社会发展中的问题、达成公共目标、实现公共利益而制定的方案（严强和王强，2002)。公共政策信息传导机制是指公共政策信息通过传导制度实现政府中公共政策制定者、实施者和受益者三者之间互通的制度。关于任何公共政策信息传导机制的研究都表现出系统性的分析视角，仅仅有部分研究采用实证分析的方法研究货币政策信息传导机制和股票市场信息传导机制（Wang and Firth，2004；Qiao et al.，2008)。由于本书主要研究的是政府制定的公共政策与公共政策受益者之间的信息传导机制，所以就我国目前现有的公共政策信息传导机制的一些研究进行概述。

节能减排政策传导机制是指政府和污染企业之间建立的一种旨在实现环境资源可持续发展目标的机制。但由于政府实施的政策不同，形成了两种不同模式的机制：命令控制型政策传导机制（图 3.5)和市场激励型政策传导机制（图 3.6)。通过实践和理论分析，研究者认为市场调节政策传导机制更加有效（谭利和江月，2012)。

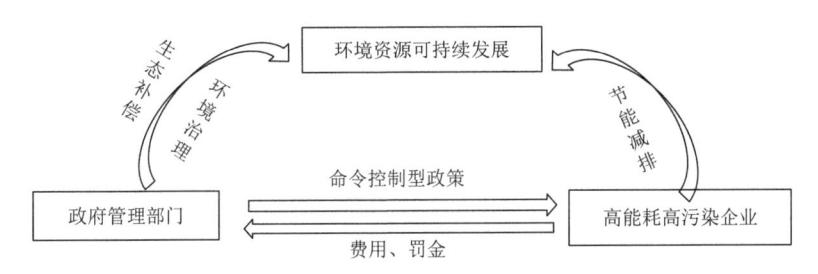

图 3.5 节能减排命令控制型政策传导机制

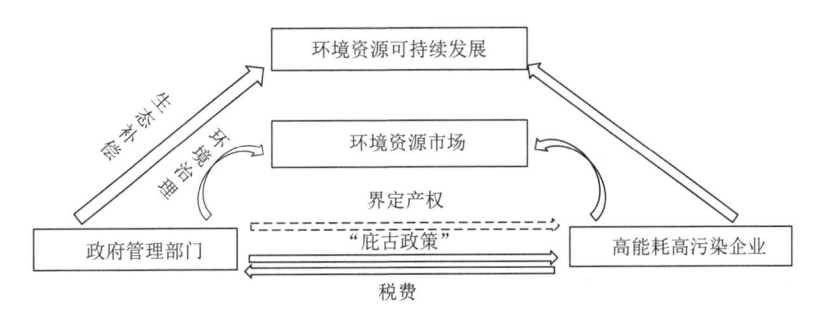

图 3.6 节能减排市场激励型政策传导机制

关于新兴产业培育的政策传导机制的研究显示，新兴产业培育政策通过政府和产业两个主体进行传导，经过产业系统形成与产业系统运行两个阶段，从而影响产业发展绩效（图3.7）。其中产业系统形成需要产业要素的完善，包括了产业主体孕育（收益持续保障、个体风险消减和结构性成本补偿）和产业资源供给（资金、人才和技术支持）两个方面；产业系统运行需要不断优化，包括基础设施配套完善（基础平台搭建和服务体系构筑）、产业制度完善（政策法规建设、组织管理创新和文化氛围营造）、交互关系优化（创新链功能适配、主体全面协同和资源开放整合）和成长能力提升（自主能力增强和产业链集成发展）四个方面（洪勇和张红虹，2015）。

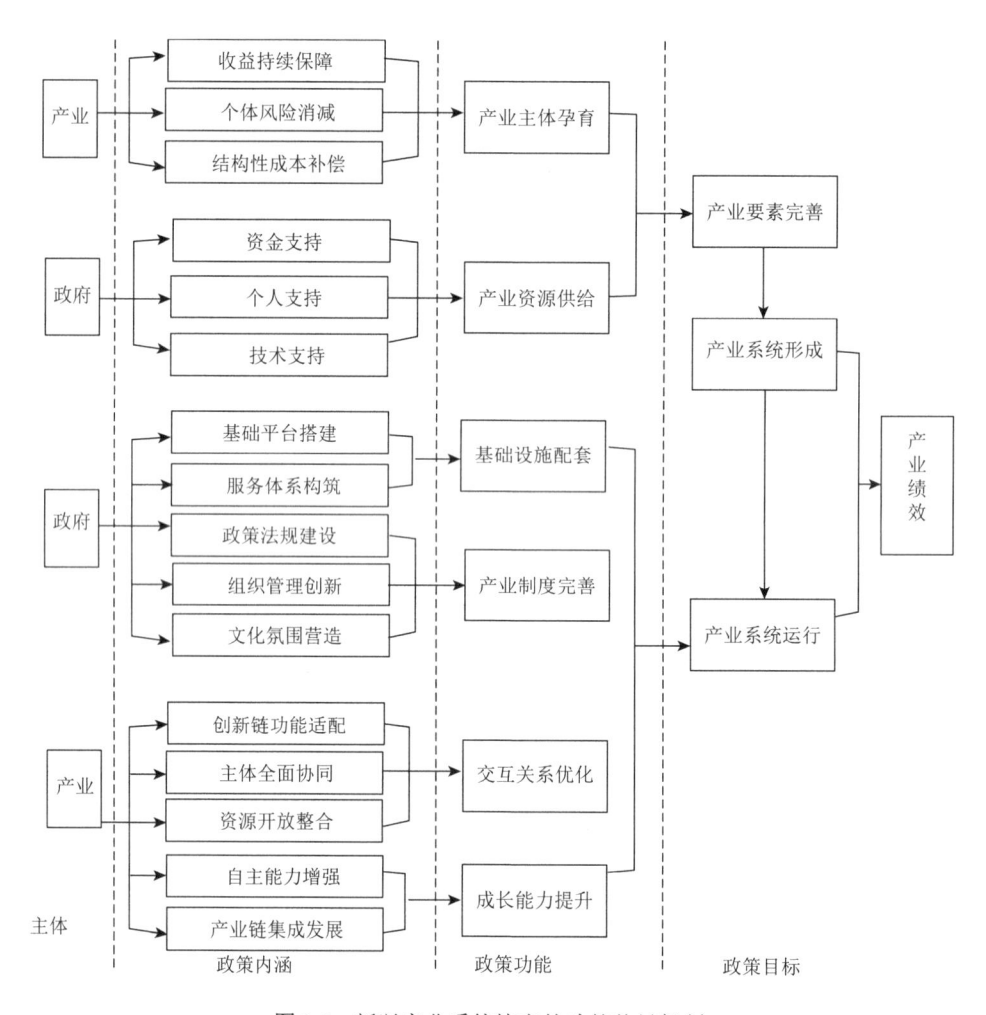

图3.7 新兴产业系统培育的政策传导机制

在货币政策信息传导机制（图3.8）方面，拥有信息优势的中央银行通过信息发布的形式向社会大众公开信息，同时将公众对于政策目标、政策工具和公开信息的理解以及公众行为和预期进行收集，从而不断提高货币政策的有效性（储峥，2012）。

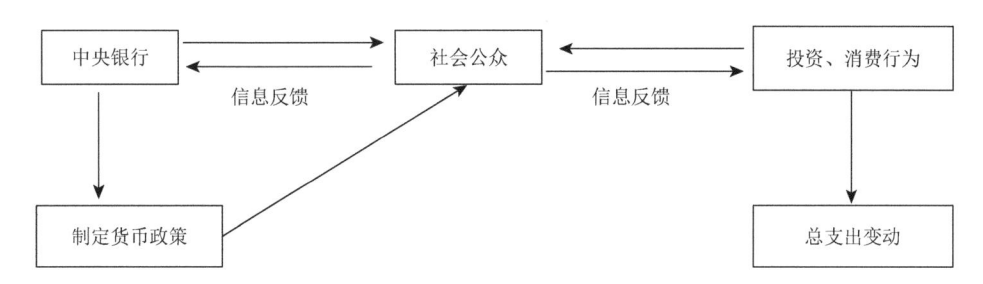

图 3.8　货币政策信息传导机制

在环境政策传导机制（图3.9）方面，制定环境政策的政府和接收环境信息的企业、居民和整个社会进行环境政策内容的自上而下的传递，并且通过环境政策引导企业投资方向的调整、社会消费的偏好、居民企业的环境宣传等，经过人力资本积累、技术进步、物质资本积累、社会资本积累4条基本路径及他们之间的复合路径的传导和实施后，最终在环保环境的基础上促进经济的增长（万建香，2011）。

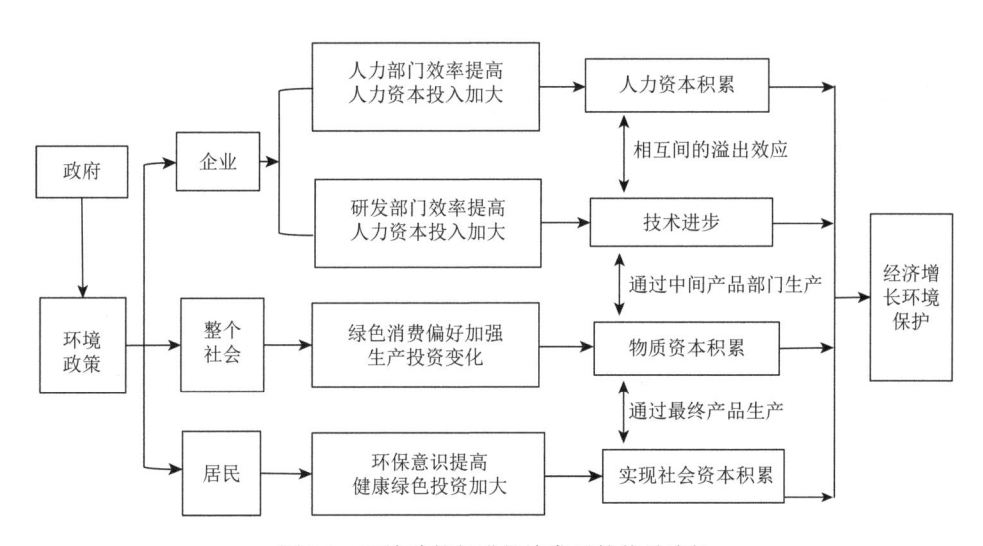

图 3.9　环境政策促进经济发展的传导路径

公共政策的传导机制，如图3.10所示。公共政策传导机制的断裂，常常会导致上情无法下达，下情无法上传，从而无法有效实现社会福利或利益。这主要是由政府的中间环节经常不作为或有选择的作为导致的（王春福，2009）。

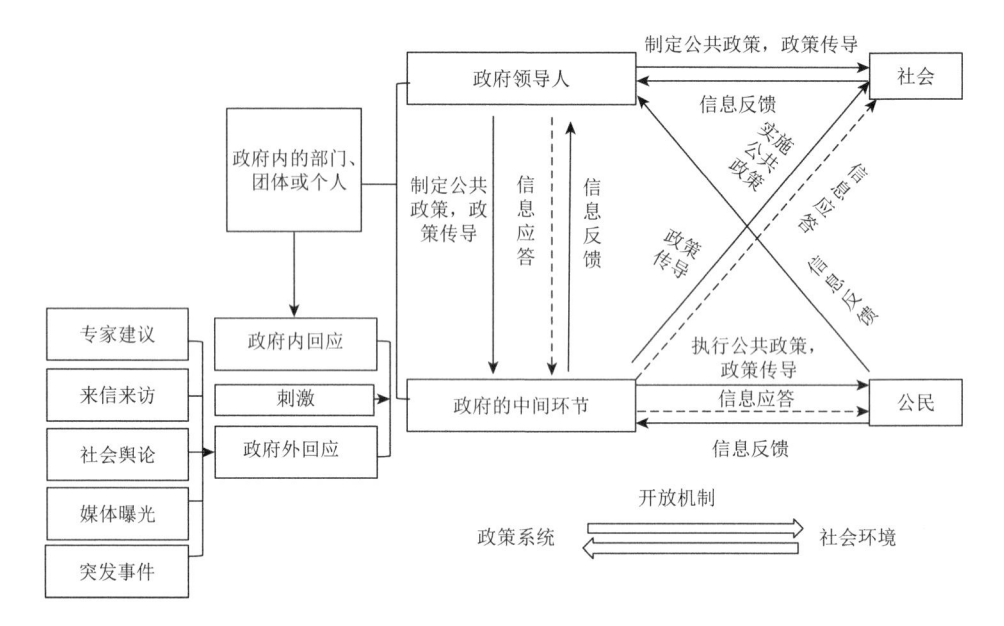

图 3.10　公共政策回应机制

虚箭头表示公共政策的应答机制，实箭头表示公共政策的反馈机制，框箭头表示公共政策的开放机制

通过上述对各类政策信息传导的描述，本书汇总得到公共政策信息传导的一般模式，如图 3.11 所示。一般模式中主要包括三大主体：公共政策制定者、公共政策实施者和公共政策受益者。三大主体为了达到公共政策目标而共同努力，从而促进社会经济稳定发展。

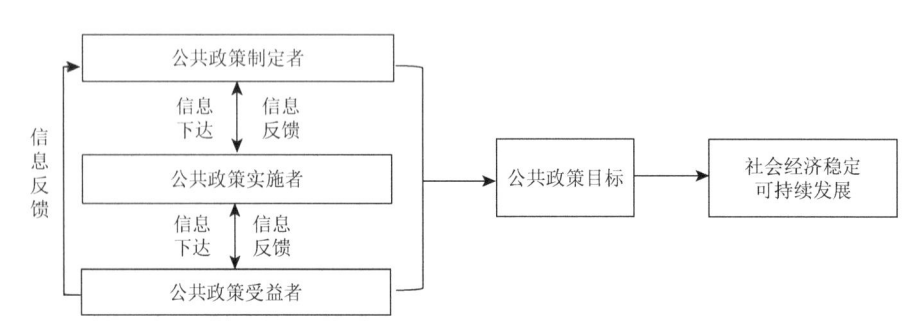

图 3.11　公共政策信息传导机制的一般模式

资料来源：王春福（2009）

（二）农村公共服务供给机制和需求表达机制的研究综述

我国对于公共服务传导机制的研究主要集中在公共服务系统的两个层面，"自

"上而下"的公共服务供给机制和"自下而上"的公共服务需求表达机制（邓念国，2013；夏玉珍和杨永伟，2014）。但仅仅这两者并不能完全实现公共政策传导机制所要达到的目标，还需要一种机制将两者结合在一起，从而更好且有效地提供公共服务。这种机制就是公共服务信息传导机制。

一些研究者认为，我国公共服务的供给机制长期采用的"自上而下"的单一供给模式是困扰公共服务供需矛盾的主要因素（黄志冲，2000）。农村公共服务的供给主要是政府基于本地经济和社会整体发展现状和规划出发，提供公共服务的内容、数量和价格等。政府为了便于管理、汇报及实行，大多采用"项目"式的供给模式，从而导致项目较多，却没有解决农民的根本问题，造成效率低下（邓念国，2013）。在这种决策模式下，农民是公共服务的最终受益者和政策对象，但却被排除在公共供给政策之外。

而另一些研究者则认为，我国农村公共品出现供需矛盾的主要原因在于欠缺有效的需求表达机制和信息互动反馈机制（王洛忠，2005；叶大凤，2006；王士如，2007；刘小玄和赵农，2007）。农村公共品的需求表达是指农民通过各种方式将自己对公共品的需求信息表达出来。但在国内外文献中所阐述的需求表达的方法中，不论是直接法，还是间接法，在我国农村地区的公共服务供给中，都无法有效得到表述（阎坤和王进杰，2000；张立荣等，2011）。受传统的"自上而下"行政决策模式影响，在农村公共品的供给决策中，政府较少考虑农民对公共服务或产品的现实需求，缺乏与农民的有效互动。汪志芳（2006）认为，公共品的供给总量、供给结构和供给程序多数是由乡及乡以上组织以政策规定的形式下达的，不仅带有较强的指令性，而且对不同类型、不同条件、不同发展水平的地区都按统一要求执行。但实际上农民对公共品的需求却与资源状况、生活环境等因素相关。吕健丞和李兴华（2008）对湘南3个地级市10个乡镇的500位村民进行调查，20%的受访者认为农村公共品的需求表达机制通畅，61%的受访者认为不通畅，剩余19%的受访者对农村公共品的需求表达机制不清楚。

农村公共品需求表达机制要求基层政府和村级组织在提供公共品的过程中，建立一套科学的公共决策机制，充分发挥广大农民当家作主的积极性和主动性，根据村民的偏好和需求来提供公共品，并在此基础上形成村民监督基层政府和村级组织执行的机制（汪志芳，2006）。而其他一些学者则主要从村民的角度考虑在需求表达机制方面存在的问题，表现在村民缺乏表达公共品需求信息的适当渠道、主观意识和代言组织（盛洪，2003；王春福，2006；任勤，2007；郑方辉和李旭辉，2007）。

作为基础公共服务的农村生产性公共服务，也面临与公共服务相一致的问题，就是"自上而下"的供给机制和"自下而上"的需求表达制度，只有将两者进行协调匹配，才能达到供求均衡。

四、公共服务视角评价政府绩效的研究综述

(一)服务型政府的研究综述

20世纪90年代,西方发达国家开始注重服务型政府的构建,如英国从1991年发起以提高公共服务水平为目标的"公民宪章运动";加拿大也曾于1989年颁布了"政府公共服务2000",旨在改变公务员的管理方式,激励工作人员更好且高效地提供公共服务;美国在克林顿政府时期(1993~2001年),曾发起过"政府再造运动",倡导"顾客第一",并制定了政府服务的标准手册《顾客至上:服务美国民众的标准》。从西方发达国家的发展历程来看,政府从利益的分配者和权力的独裁者、服务的唯一提供者逐步转变为利益协调者、权力的激励者和服务供给的合作者。

我国在党的十六届三中全会正式提出要建设服务型政府后,各级政府纷纷响应国家的号召进行行政改革,同时学术界也就服务型政府开展讨论。时任广东省委书记胡春华强调,要以审批制度改革为突破口,大力压减行政审批项目,加大简政放权力度,提高行政效率,努力建设服务型政府[①]。不同学者有不同的观点,如张康之(2006)认为服务型政府的存在、运行和发展的根本宗旨就是提供公共服务。吴玉宗(2004)认为在建设服务型政府的过程中,政府官员应该在工作目的、内容、程序和方法上,公开为老百姓提供方便、周到和有效的帮助,从而促进社会稳定发展。张文礼和吴光芸(2007)认为政府若实现以政府本位向公民本位的转变,政府就完成了转型。于浩(2013)从制度层面说明建立服务型政府需要建立民意调查制度、决策参与制度和公共服务承诺制度等支撑性制度。

(二)政府绩效的研究综述

为了提高政府效能,绩效评估是政府的理性选择。我国政府主要采用目标责任制评估、经济发展指标评估、监督验收重点工作制、机构效能建设制、公众评议制、第三方评价制等六种模式进行绩效评价(唐兴霖,2010)。这些政府评估模式主要依靠政府自上而下的推动来完成,政府仍旧是主体,公众参与较少。我国逐渐提倡建立服务型政府,公众评议政府成为非常重要的衡量服务型政府的指标。

[①] 2013年12月11日,广东落实习近平讲话精神 简政放权建服务型政府,南方日报,第1版。http://www.chinanews.com/kong/2013/12-11/5604520.shtml。

第三章 服务供给的理论基础与研究回顾

政府公共服务的供给质量的评价指标，最主要的是政府信任和公共服务的满意度（李羚，2004）。其中，信任程度更注重基于已有的政府公共服务，对未来政府绩效的前瞻性预期，侧重面更宏观（马得勇，2007；胡荣，2007；肖唐镖和王欣，2011），而满意程度更注重对政府绩效的回顾性评价，侧重面更微观。

政府信任主要集中于对各类政府组织机构的信任程度，如中央政府、省政府、法院、县/市政府等。不同的研究者根据各自的研究目标选择研究对象。马得勇（2007）为了比较各国之间的政治信任，将民众对法院、中央政府、地方政府、公安部门（警察）、议会（中国为人民代表大会）、军队、政党（中国为中国共产党）的7个信任综合作为政治信任。胡荣（2007）为了比较农民对各级政府的信任是否受上访的影响，将政府信任分为对党中央国务院、省委省政府、市委市政府、县委县政府以及乡党委乡政府的信任。游宇和王正绪（2014）为了区分特定性的政治信任与弥散性的政治信任，将对法院、中央政府、政党（中国共产党）、立法机关（全国人大）、警察、地方政府6个政府组织机构的信任作为特定性机构的信任，而将对政治制度的相关问题作为弥散性信任。肖唐镖和王欣（2010）为了研究政治信任的变迁，分别对不同政府级别的机构和干部展开研究。为了分析公众在转型期对中央和地方机构政治信任的变化，具体将中央机构分为党中央、中央政府、全国人大、最高人民法院、最高人民检察院，而将地方机构分为市委、市人民政府、市人民代表大会、市中级人民法院、市人民检察院两级（孟天广，2014）。刘明兴等（2008）将村民对乡镇党委和政府的信任程度作为间接测量干群关系的测量指标，具体包括了乡镇党委和政府的威信、是否真心实意关心农民、是否有为农民主持公道的愿望。

通过与其他国家的政府相比，笔者发现全球各国因政治体制和经济社会发展的差异，表现出不同的信任模式且各级政府之间的信任差距较大，如美国公民的政治信任呈现反差序政府信任（Schario and konisky, 2008; Cole and kincaid, 2000），而我国呈现差序政府信任（叶敏和彭妍，2010）。也就是，我国的中央政府和中央领导人的政府信任一直位居前列，但地方政府则有相对较低的信任（马得勇，2007；胡荣，2007；叶敏和彭妍，2010）。马得勇（2007）与叶敏和彭妍（2010）认为此现象是由政治体制和对权威或权力的崇拜导致的。但地方政府一直作为公共政策的实施者，与广大公众接触较多，会影响政策的有效执行和国家整体治理能力，甚至社会和政治的稳定（叶敏和彭妍，2010；高卫星，2005；何显明，2007；郑永年，2009）。所以，对于地方政府绩效考核的研究逐渐成为热点。

随着国内大样本调查研究的兴起和建立幸福城市等政府活动的开展，对地方政府和城市的公众满意度进行实地调查的研究也逐渐成为一些政府热衷的话题和学术界研究的视角。不同的学者针对需要研究的不同问题，采用不同的方式对政府绩效进行评估，本书在接下来一节将主要阐述政府公共服务满意度的研究综述。

(三)政府公共服务满意度的研究综述

公共服务的满意度是指群众对于政府提供的基本服务质量绩效的总体判断（曾莉，2006；邹凯等，2008；邹凯和马葛生，2009）。胡锦涛同志也曾说过：判断党和政府工作好坏的根本标准，是人民满意不满意，人民答应不答应（胡锦涛，2016）。很多研究者也提出公共服务满意度是一个可以用来测量公共服务产出质量的指标（休斯，2001；Martinez-Vazquez and McNab，2003；Dowding and Mergoupis，2003）。

个人视角下的主观满意度是衡量个体福利水平的重要指标，同时公共服务是政府干部提供的，因而公共服务满意度能作为衡量干部提供服务质量的手段（徐友浩和吴延兵，2004；王谦和李锦红，2006）。在财政分权体制下，不同政府目标下的公共品供给状况不同，也就是说，若政府目标是最大化居民的效用时，政府间的竞争会引起公共产品供给不足；若政府目标更偏向于GDP增长时，公共产品供给会更加不足；若同时考虑两者时，越偏向于GDP增长，生产性公共产品供给会越过量，而非生产性公共物品会越严重不足（马光荣和杨恩艳，2010）。王正绪和苏世军（2011）通过《亚洲晴雨表》2008年的数据研究得到在政府绩效的评价中，公众对教育、医疗和安全的满意度占有最重要的位置，但其中也表明国家的经济发展对政府绩效的满意度影响很大。

公共服务满意度也很好地反映了居民的公共服务需求信息。村民参与和政府机构间的相互制衡可以有效提高公共服务的供给效率（张晓波等，2003）。在公共产品或服务的供给方面，政府起主导作用，所以农民对政府是否有效提供公共物品的评价来源于农民是否满意其提供的公共服务，这也成为政府部门绩效评价的一个重要服务指标（Aschauer，1989；朱玉春等，2010）。Tibeout（1956）曾指出："消费者作为投票者既没有完全的信息确定自己的偏好，也不能自由地在各辖区流动或迁移，问题的关键是人们对辖区的公共服务支出是如何反应的。"在针对企业区位选择的问题上，他甚至认为，观察企业到底有没有选择最优区位的唯一方法，是对企业进行问卷调查（对所在区位是否满意），而不是依据企业的选择结果做出判断（Tibeout，1957）。事实上，如果居民不满意辖区政府的公共服务，要么选择"退出"，要么选择"呼吁"，主观问卷调查的好处是能够同时捕捉这两种信息（Azfar et al.，2001；Devereux and Weisbord，2006）。农村对生产性和生活性的公共产品或服务的供给效率（满意度）会影响农户对基层治理的满意程度，且不同收入的农户的满意程度和需求存在显著差异（卫龙宝和张菲，2012）。地方政府的有效管理有助于经济增长和公共产品或服务的供给。

可见，公共服务满意度调查实际上成为一种帮助辖区政府调整支出结构、改善公共服务供需匹配的工具（高琳，2012）。所以本书将公共服务满意度作为评价干部实施群众路线工作后，农民对其工作总体反馈情况的一种方式。

第三节 服务供给政策

一、农村生产性公共服务政策的变迁

农村生产性公共服务是农民开展农业生产所需的核心服务，也是我国推进农业现代化的战略重点（田娇和张德锦，2020）。改革开放后，国家非常重视农村生产性公共服务的供给，持续制定各类制度和政策，促进农村技术和公共服务的提供。随着2006年农业税的取消，基层政府在公共服务供给上出现了财政资金短缺、职能错位、缺位等问题，导致农村基础设施和公共服务发展相对滞后，同时随着社会经济的发展，国家不断倡导农村生产性公共服务，同时加大力度实施乡村振兴战略，从而实现了农业强、农村美、农村富的新风貌（陈丽铃，2018；于善甫，2022）。我国农村公共产品或服务供给政策变迁分为四个阶段：一是计划经济时代的以劳动力代替资本的强制性的农村公共服务供给模式；二是以家庭联产承包责任制为推动力的基层组织和农民共同供给的农村公共服务供给模式；三是取消农业税后的政府供给的农村公共服务供给模式；四是以数字化、智能化为基础的农业生产体系和基本公共服务相配套的现代农业体系。但在整个发展过程中，政府的角色不容忽视。农村生产性公共服务政策的发展历程基本与公共服务政策相一致，经历了萌芽阶段（改革开放前）和发展阶段（改革开放到20世纪末）后，并逐步在21世纪（2000～2015年）形成了以农业社会化服务为主的基层服务供给体系，随后2015年政府持续开展农业生产性服务的创新，扶持建立了农业生产性服务业，从而形成了现代农业生产体系（Kanbur and Zhang，2005；芦千文，2016；芦千文和韩馥冰，2023）。农业生产性服务业伴随着农业生产性公共服务的变革而变革，具体涉及农业生产性公共服务的国家政策，如表3.1所示。

表3.1 近20年我国农村生产性服务供给的相关政策

序号	年份	政策名称	政策发布主体
1	2003	《关于开展基层农技推广体系改革试点工作的意见》	农业部、中央机构编制委员会办公室、科技部、财政部
2	2004	中央一号文件《关于促进农民增加收入若干政策的意见》	国务院

续表

序号	年份	政策名称	政策发布主体
3	2005	中央一号文件《关于进一步加强农村工作提高农业综合生产能力若干政策的意见》	国务院
4	2006	《关于加快发展农业产业化经营的意见》	农业部、国家发展改革委等八部委
5	2006	中央一号文件《关于推进社会主义新农村建设的若干意见》	国务院
6	2007	中央一号文件《关于积极发展现代农业 扎实推进社会主义新农村建设的若干意见》	国务院
7	2008	中央一号文件《关于切实加强农业基础建设进一步促进农业发展农民增收的若干意见》	国务院
8	2009	《关于加快发展农机专业合作社的意见》	农业部
9	2009	《关于推进农业经营体制机制创新的意见》	农业部
10	2009	《关于加快推进乡镇或区域性农业技术推广机构改革与建设的意见》	农业部
11	2009	中央一号文件《关于2009年促进农业稳定发展农民持续增收的若干意见》	国务院
12	2009	《关于推动农村邮政物流发展的意见》	国务院
13	2010	《关于促进农业机械化和农机工业又好又快发展的意见》	国务院
14	2010	中央一号文件《关于加大统筹城乡发展力度进一步夯实农业农村发展基础的若干意见》	国务院
15	2011	中央一号文件《关于加快水利改革发展的决定》	国务院
16	2012	中央一号文件《关于加快推进农业科技创新持续增强农产品供给保障能力的若干意见》	国务院
17	2013	中央一号文件《关于加快发展现代农业进一步增强农村发展活力的若干意见》	国务院
18	2014	中央一号文件《关于全面深化农村改革加快推进农业现代化的若干意见》	国务院
19	2014	《关于加快发展生产性服务业促进产业结构调整升级的指导意见》	国务院
20	2015	《关于推进农村一二三产业融合发展的指导意见》首次提出 "发展农业生产性服务业"	国务院
21	2015	中央一号文件《关于加大改革创新力度加快农业现代化建设的若干意见》	国务院
22	2016	中央一号文件《关于落实发展新理念加快农业现代化实现全面小康目标的若干意见》提出要"加快发展农业生产性服务业"	国务院
23	2017	中央一号文件《关于深入推进农业供给侧结构性改革加快培育农业农村发展新动能的若干意见》	国务院
24	2017	《关于加快发展农业生产性服务业的指导意见》	农业部、国家发展改革委、财政部

续表

序号	年份	政策名称	政策发布主体
25	2018	中央一号文件《关于实施乡村振兴战略的意见》提出"提升农业发展质量，培育乡村发展新动能，加快构建现代农业产业体系、生产体系、经营体系"	国务院
26	2018	《国家乡村振兴战略规划（2018—2022年）》	国务院
27	2019	中央一号文件《关于坚持农业农村优先发展做好"三农"工作的若干意见》	国务院
28	2020	中央一号文件《关于抓好"三农"领域重点工作确保如期实现全面小康的意见》	国务院
29	2021	中央一号文件《关于全面推进乡村振兴加快农业农村现代化的意见》	国务院
30	2021	《关于加快发展农业社会化服务的指导意见》	农业农村部
31	2021	《"十四五"推进农业农村现代化规划》	国务院
32	2022	中央一号文件《关于做好2022年全面推进乡村振兴重点工作的意见》	国务院
33	2022	《扩大内需战略规划纲要（2022—2035年）》	国务院
34	2023	中央一号文件《关于做好2023年全面推进乡村振兴重点工作的意见》	国务院

资料来源：经芦千文（2016）、芦千文和高鸣（2020）整理，并根据2020年之后的相关政策获得

新中国成立的30年，是我国农业生产性公共服务的萌芽阶段。当时我国各方面一穷二白，统一采用计划经济的模式集中全国的资源进行生产（张军和何寒熙，1996）。中央政府开展了人民公社化运动，公社成为管理农村社会和政治生活的基层组织。由于公社缺乏资金但有大量劳动力，通过"集体利益至上"和"为人民服务"的精神理念动员农民去集中供给农村生产性公共产品或服务，但公共产品的供给内容则由上级政府计划且通过行政指令决定，一般都是灌溉、防洪、水土改良等劳动密集型投资项目（Perkins and Yusuf, 1984；张莉娣，2014）。李先念曾于1979年在农田基本建设会议上指出，根据江苏省农田基本建设的花费来源，得到国家投资四分之一，公社和生产队自筹四分之一，其余二分之一靠农民自己的劳动获得。通过集体供给的方式，农村生产性公共服务的供给在这30年实现了持续上升。同时，国家控制着农村各类资源的产权，如生产资料所有权、产出的占有权以及人力资源的处置权等。但此阶段的生产性公共服务需求，不是来自消费者，而是来自政府的计划，由此缺乏相对有效的激励机制，导致供给者和消费者供给公共服务的积极性不高。同时基层政府存在政治压力，一些生产性公共服务的供给决策受政治压力的影响，变成无效工程（李先念，1989）。

1978年到2000年，是农业生产性公共服务的发展阶段。从安徽小岗村的家庭联产承包责任制开始，农村劳动力的积极性得到了大幅提升，但仍旧沿用的是

人民公社时期建立的公共服务体系，并于 1993 年成立了乡镇政府和村民委员会。随着承包制的开展，农民自行选择种植农田，极大地提高了农田的生产率，增加了农民收入。对于县乡两级政府而言，"三提五统"费[①]和集资摊派费是收入的主要来源，也是农村生产性公共服务供给的主要筹资来源（李琴等，2004；贺雪峰和罗兴佐，2008）。有些地区，个别干部以提供生产性公共服务的名义征收额外的其他费用，大大增加了农民负担（邓蒙芝，2013）。为了尽快提升政府绩效，当时各地干部投资于短期见效但长期不合适的工程项目，而未考虑农民的真正需求，导致农村生产性公共服务供给不足。

2001 年到 2015 年是农业生产性公共服务的完善阶段。安徽省首先开展农村税费改革的试点，2003 年在全国范围内推广。到 2006 年，全国彻底取消农业税（包含了乡统筹费、农村行政事业性收费、政府集资等），大大降低了农民负担（贺雪峰和罗兴佐，2008；刘明兴等，2008）。中央一号文件将农业发展和农民增收作为基层政府的主要职责，具体措施有取消农业税、投资建设农村基础设施、推广农业技术等，倡导形成"多予少取"的基层改革特征（郁建兴和高翔，2009）。自 2003 年起，政府针对农业可持续发展的支持政策都较为分散、零碎，主要是针对农业技术服务或者是如何促进农民增收的政策，致力于以农业社会化服务的形式开展新农村建设。具体地，2003 年国家提出基层农业技术推广体系的试点工作，随后于 2005 年、2006 年、2009 年、2010 年、2013 年和 2014 年多次提到农业技术服务的重要性，以及制定了促进农业综合生产能力提升和经营体制创新等政策，属于农业生产性公共服务的重要组成部分，并为农业技术性生产服务业的发展提供了政策和市场供给环境。同时，在 2004 年、2008 年、2009 年多次提出促进农民增收，以及在 2006 年、2007 年持续推进新农村建设，为农业技术性生产性服务的供给提供了市场需求（芦千文和高鸣，2020）。在此期间，中央的专项拨款、中央和省市政府对县乡的转移支付及地方的配套资金是农村生产性公共服务供给的资金来源，供给主体是县乡政府（邓蒙芝，2013），供给决策机制是自上而下的（赵宇和姜海臣，2007）。县乡政府通常与农民在地理位置上距离较近，所以能更准确地为农民提供所需的公共服务，但在实际供给过程中，因缺乏有力的监督，及政绩压力，一些公共服务供给的效率低下。

2015 年 12 月，国务院办公厅发布的《关于推进农村一二三产业融合发展的指导意见》首次提出"发展农业生产性服务业"，进一步将现代农业发展的新动能聚焦于农业技术。随后在 2016 年和 2017 年多次提出农业生产性服务业的指导意见，并构建了农业生产性服务业支持政策的基本架构（表 3.2），具体包括工作机

---

① "三提五统"是专门向农民征收的行政事业性收费和政府性基金、集资，是解决"三农"问题、建设社会主义新农村的关键一步。

构、基本原则、发展目标、服务领域、服务主体、服务方式、指导服务七个方面，说明了在政策上国家把农业生产性服务作为农村现代化发展和乡村振兴的新动能，加快完成农业产前、产中、产后各环节作业的社会化服务，形成农业农村经济新业态，构建现代化农业产业体系、生产体系、经营体系、政策体系。

表 3.2 农业生产性服务业支持政策的基本架构

主题	具体内容
工作机构	农业（农牧、农村经济）、农机、畜牧、兽医、农垦、农产品加工、渔业（水利）厅（局、委、办）、发展改革委、财政厅（局），新疆生产建设兵团农业局、发展改革委、财政局
基本原则	坚持市场导向，推动资源要素向生产性服务业优化配置，促进服务供给与服务需求有效对接；服务农业农民，聚焦农业生产和农民群众的迫切需求，解决农业生产重点领域和关键环节存在的问题；创新发展方式，因地制宜选择适合本行业、本地区的发展方式；注重服务质量，根据市场需求以及生产经营主体的要求，严格服务标准和操作规范
发展目标	培育农业生产性服务战略性产业，基本形成服务结构合理、专业水平较高、服务能力较强、服务行为规范、覆盖全产业链的农业生产性服务业
服务领域	农业市场信息服务，农资供应服务，农业绿色生产技术服务，农业废弃物资源化利用服务，农机作业及维修服务，农产品初加工服务，农产品营销服务
服务主体	培育多元服务主体，包括农村集体经济组织、农民合作社、龙头企业、各类专业服务公司；积极发展服务联合体、服务联盟等新型组织形式，支持各类服务主体与新型经营主体开展合作与联合，与高等学校、职业院校、科研院所开展科研和人才合作
服务方式	推进专项服务与综合服务协调发展，统筹和整合基层农业服务资源，搭建区域性综合服务平台；推广农业生产托管；促进公益性农业技术推广机构与经营性服务组织融合发展
指导服务	建设公共服务平台；建立农业生产性服务业标准体系，建立服务质量和绩效评价机制，建立农业服务领域信用记录；通过财政扶持、信贷支持、税费减免等措施，大力支持各类服务组织发展

资料来源：魏后凯等（2020）

近 10 年，陕西省针对农业生产性技术服务、农业经营性团体等农业政策和措施不断出台及更新，不断促进和助推农业可持续绿色发展。2016 年，陕西省发布《关于开展金融支持新型农业经营主体试点的通知》，促进农业生产性服务组织的建立，随后几年均不断推出新政策支持经营主体的成立和培育，并于 2022 年，还编制了《陕西省"十四五"新型农业经营主体和服务主体高质量发展规划》，促进农业生产性服务主体的高质量发展。2022 年，陕西省农业农村厅发布《陕西省"十四五"乡村产业发展规划》，提出农业生产性服务业是一、二、三产业融合发展的有效途径，主要采取提供科技服务、规范服务组织、创新金融服务方面支持生产性服务的发展。具体地，首先，通过支持供销、邮政、农业服务公司、农民合作社等发展农资供应、土地托管、代耕代种等生产性服务业，以及市场信息、农资供应、农业废弃物资源化利用等服务来做强科技服务；其次，规范服务组织，加强农业服务型人才引进与培育，促进农户和现代农业发展的有机衔接，实现小生产和大市场有效对接；最后，支持地方优势特色农产品保险，促进农业保险报废补贴品种体系，促进农业保险的改革和发展。同时，全省合力通过构建新型农业经营主体试点来促进产业发展。

二、投入产出分析

加大农业生产性服务的供给是推进农业供给侧结构性改革、建设现代农业的重要战略措施。2017 年，农业部、国家发展和改革委员会（简称国家发展改革委）、财政部联合印发了《关于加快发展农业生产性服务业的指导意见》（农经发〔2017〕6 号），提出要以服务农业农民为根本，以推进农业供给侧结构性改革为主线，以培育农业生产性服务战略性产业为目标，大力发展多元化多层次多类型的农业生产性服务，推动多种形式适度规模经营发展，带动更多农户进入现代农业发展轨道，全面推进现代农业建设。政策提出的 5 年发展目标是农业生产性服务业产值明显提高，加快培育各类服务组织，提高服务人群的专业水平和能力，打造要素集聚、主体多元、机制高效、体系完整的农业农村新业态。所以为了综合反映农业生产性服务业发展现状，更好地指导农业生产性服务业发展，同时考虑统计的需求和可能性，借鉴程大中（2008）、潘锦云等（2022）、江胜名和阮凯（2022）的研究，将组织数量、就业人数和增加值三个关键指标作为衡量农业生产性服务业现状的关键指标，其中组织数量按照农林牧畜渔业法人组织数量来衡量，就业人数按照第一产业乡村就业人数、农林牧渔业就业人数、国有单位就业人数来衡量，可以分别代表乡村地区需求主体农民的就业人数、经营主体的就业人数、服务供给主体的就业人数；增加值按照农业增加值来衡量。在农业生产性服务业的投入和产出方面，陕西省从 2010 年到 2021 年，法人组织数量 10 年间增加了近 9 倍，乡村就业人口减少 2/3，经营主体就业人数增加近 4 倍，国有单位就业人数减少到 1/4，产业增加值增加了近 1.5 倍（表 3.3）。所以，农业生产性服务的供给随着政策的变革，经营主体逐步增多，主体的经营方向也日益多样化，同时随着农业数字化的转型，未来生产性服务将日益成为农业发展的新潜力。

表 3.3　2010~2021 年陕西省农业生产性服务业的投入和产出

年份	法人组织数量/个	乡村就业人数/万人	国有单位就业人数/万人	经营主体就业人数/万人	产业增加值/万元
2010	6 816	855.5	4.2	6.8	9 884 525
2011	8 222	816.4	4.1	7.8	12 209 264
2012	9 929	789.4	3.5	7.1	13 701 582
2013	10 266	774.6	2.5	4.4	15 260 453
2014	18 798	774.0	2.2	8.6	16 358 457

续表

年份	法人组织数量/个	乡村就业人数/万人	国有单位就业人数/万人	经营主体就业人数/万人	产业增加值/万元
2015	29 687	778.0	2.1	11.0	16 756 070
2016	38 053	778.0	2.2	13.3	17 788 719
2017	54 718	773.5	2.1	16.2	18 306 150
2018	60 650	765.0	1.6	23.2	19 273 148
2019	55 975	759.7	1.0	27.0	20 980 142
2020	61 675	602.4	1.1	29.6	23 816 420
2021	64 542	575.3	1.1	36.7	25 321 528

资料来源：2010~2021年的《陕西统计年鉴》

注：由于数据缺失，法人组织数量为农林牧渔业法人单位数，产业增加值为农林牧渔业增加值

第四章 研究基础

第一节 研究设计

由于群众路线的实施是地方政策先行的，所以笔者无法在政策全面开展的实施过程中测量和评估基于"群众路线"的公共服务供求信息传导机制的有效性。但由于在群众路线实际实施过程中，各地区实施的差异和干部间实施政策的不同，本书通过干部间实施和不实施群众路线的差异来评估通过群众路线进行信息传导带来的效果差异。

通过群众路线的实施方法和措施总结可得，群众路线主要的工作目的是了解群众的公共服务需求，但是了解的途径主要是干部到村走访和实地调查。本书主要通过干部到村走访的具体方式进行群众路线实施路径及效果的测量。在基层政府中，县农业干部是与农民接触最多，且最广泛的干部群体。有研究表明，县农业干部是农业技术培训的主力军，一些干部会常年扎根农村，对当地实际生产状况非常了解，所以深受广大农民的喜欢；但同时也由于他们有大量行政事务，广大农民不再愿意让县农业干部从事农业培训，而逐渐寻求市场上的帮助（孙永朋等，2012；冯林和张自尧，2013）。本书主要以提供农业生产性服务的县农业干部为研究对象，根据陕西省各县的政府和其所属市或省的农业农村厅网站上的信息和电话访谈干部的情况整理得到县农业干部的主要职责，同时结合与农民相关的服务，形成问卷中的基本公共服务（表4.1）。县农业干部提供的基本生产性公共服务，主要包括农产品产供销、农药监测、种子监测、化肥监测、饲料监测、测土配方施肥、农作物病虫害防治、农业灾害评估、地膜覆盖技术、新品种栽培管理、农机具管理、农业技术培训、农业基础设施建设、农资打假共14项公共服务。

在本书的研究中，群众路线不再仅仅是一种思想或教育活动，而是干部群众工作的一种方式。具体地，是指干部真正去走群众路线，到村庄拜访农民，并在与农民同吃、同住、同劳动过程中，达到了解农民需求的目的。具体而言，干部走的群众路线是指干部拜访村庄，并走访农民。若对农民关心，就会想深刻体验农民的辛苦，有同吃、同住、同劳动的行动。而农民视角中的干部走群众路线，可能是最接近真实的群众路线，是农民观察到的干部拜访村庄，并走访农民，以及农民真实观察到的干部与农民群众同吃、同住、同劳动的行为。

表 4.1　县农业干部提供的基本生产性公共服务

公共服务类型	具体负责的工作
农产品产供销	负责农产品的生产、加工、销售及相关的一些服务
农药监测	负责农药的生产加工及销售市场的检查监督
种子监测	负责种子的生产、加工及销售市场的检查监督；负责种子品质、生产及救灾储备种子、持证企业监督管理和名特优种质资源保护
化肥监测	负责化肥的生产、加工及销售市场的检查监督
饲料监测	负责饲料和饲料添加剂的生产、加工及销售市场的检查监督
测土配方施肥	负责指导当地居民根据作物需肥规律、土壤供肥性能和肥料效应，获得氮、磷、钾及中、微量元素等肥料的施用数量、施肥时期和施用方法，使得居民能够合理施用有机肥料，增加粮食产量。具体包括了测土、配方、配肥、供应、施肥指导五个核心环节
农作物病虫害防治	负责指导农民进行农作物病虫害防治工作
农业灾害评估	负责估计农业灾害发生的情况，并做好防止灾害发生的准备工作
地膜覆盖技术	负责指导农民采用地膜覆盖技术进行农业种植，起到抗旱保墒的作用，最终提高农业产量
新品种栽培管理	负责引进新品种、试验、栽培和管理新品种，协调新品种的加工和销售工作
农机具管理	负责农机单位的服务、生产、经营和农机维修及产品质量的监督管理，负责农业机械安全规范使用
农业技术培训	负责组织农业技术干部和农民的技术培训、协调农业技术开发、示范和推广
农业基础设施建设	负责指导、建设和开发农业基础设施的相关工作，如农田水利建设、农产品流通重点设施建设、防护林建设、农业技术推广和气象基础设施等
农资打假	负责打击假冒的农药、种子和化肥等农资产品，促进农资市场的秩序稳定

资料来源：通过政府网络信息和电话访谈综合整理后得到

由于基层干部是农村公共服务的主要供给者，故干部个人首先应该知道农民对自己提供服务的了解情况，其次要了解农民对自己提供服务的需求情况，最后要知道农民对自己提供服务的满意情况，从而使得干部群体应该对农民的需求有基本一致的看法，能够更好地合作并共同为当地的农民提供公共服务。在群众路线实施路径下，干部对农民的需求达成一致才能说明群众路线真正有效。但对于农民而言，农民要知道干部提供的服务、需要提供的服务且满意他们的服务。

所以本书的自变量就是群众路线的实施路径，分为两个方面：一是干部是否到村；二是"三同"。本书的因变量就是群众路线的实施绩效，也分为两个层面：对于农民而言，因变量是农民对公共服务的满意情况；对于干部而言，因变量是干部对农民所需公共服务的认知水平达成一致的情况。

第二节 概念界定

一、群众路线

群众路线在党的历史文献中最早是由李立三在 1928 年在与江浙地区党的负责人讲话时提出的，经过中国共产党 15 年的群众工作实践逐渐丰富和发展。1943 年，毛泽东在《关于领导方法的若干问题》一文中，对群众路线进行了全面系统地阐述，主要内容是"在我党的一切实际工作中，凡属正确的领导，必须是从群众中来，到群众中去"（罗平汉，2013）。在此基础上，本书将群众路线不仅仅作为一种思想，还作为基层干部提供公共服务的一种工作方法，也就是说，基层干部要走群众路线，必须到农村去，到群众中去，获得群众了解、需求和满意的公共服务信息，并与其他干部达成一致的观点，最终为群众提供需要且满意的公共服务，使得群众对干部满意。在工作实践中，群众路线包括三部分，一是基层干部和群众两个主体，其中，基层干部主要是指基层政府中为公众提供公共服务的工作人员，而群众主要指基层政府管辖下的居民；二是通过群众路线的实施，基层干部到村庄，与村民一起吃饭、聊天和劳动，甚至居住在村庄，从而加深与群众的联系，与群众之间建立互相沟通了解的渠道；三是通过群众路线的实施，干部对群众的公共服务和其他需求及困难有正确认知，群众对干部供给的公共服务了解、需要且满意，从而最终对政府满意。只有群众路线达到这三部分的要求，才能说明群众路线得到有效实施。所以，群众路线可以作为干部和群众之间通过沟通获得所需公共服务信息的具体路径，若基层干部能够积极努力沟通和了解，且群众又能很好地参与沟通和交流，就能有效实现农村公共服务供求信息的传递或传导。

二、农村公共服务

农村公共服务，也叫农村公共品或公共产品，是指在农村地域范围内为农民、农村和农业发展所提供的具有非排他性、非竞争性和收益外溢性物品或服务的总称（林鹭航，2008；匡远配和汪三贵，2006）。它一般是单个农民不愿意提供甚至都提供不了的，但又是农村社会和经济得以发展所不可缺少的产品，是农村居民共同利益的体现（于奎，2005）。总体而言，绝大多数的农村公共产品不一定全部能让所有人受益，而是在一定条件下能使部分农民受益，最终使得农村社区受益。

不同学者对农村公共服务或产品的划分标准不同。康静萍（2003，2005）根据公共产品类型将农村的公共产品划分为纯公共产品（包括农村基础设施、农村战略规划、环境保护等）和准公共产品（农村道路、农村灌溉、农村医疗、生活用水、文化设施、农村教育等）。朱守银（2000）根据公共产品外形的视角将农村公共服务划分为有形的公共产品（农村基础设施）和无形的公共产品（公共服务和制度环境）；从公共产品产生的外部效应划分为好的公共产品（具有正外部性）和坏的公共产品（具有负外部性）。但对于分析农村现实社会中的公共服务供给时，最为有用的就是按照农村公共服务对于农民的不同用途进行分类，可分为农业生产性服务、农民生活性服务、农村社会性服务、农村一般性服务、生态环境服务（龙春霞，2010）。不同用途的公共服务对于农民的意义不同，农村社会性服务有助于改善农民社会福利水平和基本生活保障水平，如农村教育、农村合作医疗、农村救济等；生态环境服务有助于推进农村经济、社会与生态和谐共存，是促进农业与农村经济持续发展的公共产品，如农村生态保护、环境建设、村庄绿化等。

同时，对于不同性质的公共服务，公共服务/产品的供给方式也不同，如接近于纯公共产品的准公共产品——义务教育、社会保障、公共卫生、农业科技成果的推广、病虫害防治、小流域治理等，绝大多数采取的是政府供给模式；中间性准公共产品——医疗、道路建设、职业培训或教育等，通常是政府和农民合作供给；而接近于市场的准公共产品——文化娱乐、体育设施、自来水供给、农业新技术的引进等能够界定清楚排他性的产权时，则由农民个人或合作组织供给，能有效提高供给效率（于奎，2005）。

三、农村生产性公共服务

农村生产性公共服务主要指服务于农村农业生产活动，且具有非竞争性和非排他性的公共服务或产品。与农村生活性公共服务相比，它是农村经济社会发展及农业发展的重要基础，决定着农业的生产规模和经济水平的边界，是农民赖以生活的关键起点。按照公共服务或产品的形态划分，农村生产性公共服务或产品主要分为两大类，一类是物质形态，如农业生产所需的农田水利灌溉系统、小流域防洪防涝设施建设、农村生产道路建设、大江大河治理等基础设施、农田改造、生态林等；另一类是非物质形态，如农业技术研发和推广、农业信息化建设、农产品新技术引进、农业发展规划等（吕明君，2009；龙春霞，2010）。农村生产性公共服务与农民的农业生产密切相关，同时也是与农民接触最多的县农业干部供给的主要公共服务。

因为农村生产性公共服务涉及农村更多的基础设施和先进技术的引进，所以其能改善市场机会的获得，减少交易成本，还可以降低农业的自然风险和经济风险。农村生产性公共服务的有效供给不仅能促进农业现代化，而且能够促进非农产业在农村的发展和农村基础设施的优化，并最终推动农村消费市场的升级（李杏，2008）。农村生产性公共服务接近于纯公共产品，所以采取的供给模式通常是政府供给模式，即通过政府协调政府资源和社会资源为农村社会经济发展提供的公共服务。因为本书的研究主要集中于公共服务的供给者（县农业干部）和公共服务的需求者（农民）之间的信息传导，所以本书的研究对象主要为农村生产性公共服务。

四、公共服务供求信息传导机制

农村公共服务供求信息传导机制是指与公共服务相关的政策信息和供求信息在干部和农民之间畅通无阻地进行传递的机制，也就是说干部对农民了解、需要和满意的公共服务都非常清楚和了解，同时农民对干部提供的公共服务都了解、需要和满意。这与群众路线思想希望达成的目标一致。在本书的分析中，笔者基于群众路线的活动着重研究了农村生产性公共服务的供给和需求的信息在农业干部和农民之间进行传导的路径测量和效果评价。

第三节　模 型 构 建

一、构建模型的前提假设

在开展模型构建之前，本节对本书整体研究的前提假设做了陈述，可以为模型框架的建立和研究的设计、调查和实证提供研究基础。

1. 农民和干部有限理性

经济学的经典假设之一是每个人都是理性"经济人"。但是在现实世界，由于经济行为人在社会中面对的是不确定、不完备和复杂的真实决策场景，所以无法表现完全理性。同时，又因个体认知能力的局限，行为人在真实决策过程中通常用近似代替精确、用有限理性代替完全理性来进行决策，最终寻求"满意"，而不是"最优"（何大安，2004）。对于农民也一样，受自身文化教育、家庭背景、收入及所在环境的影响，表达和获取农村公共服务供求信息的能力受限，所以也无法达到完全理性。由于干部个人背景、工作经验和绩效考核方式的差异，所以在供给公共服务的过程中，干部的行为是有限理性的。

2. 农村公共服务供求信息不对称

由于农民受自身教育背景和有限的信息渠道的限制，其对农村公共服务的了解程度、服务质量的好坏无法做出准确判断，同时因干部自身没有处于农村的生活环境，所以干部和农民对农村公共服务没有形成全面的认识，从而造成了供求信息严重不对称。在此情况下，如果政府的监管缺位，公共服务的供给者可能利用信息不对称损害农民的利益，从而降低供给效率（林万龙，2007）。

3. 农民和干部机会主义倾向

本书假定农民和干部具有行为人追求自我利益的机会主义倾向。以威廉姆斯为代表的交易费用经济学家认为，机会主义行为是指在信息不对称的情况下，人们不完全如实地披露所有信息，且尽最大能力去保护和增加自己的利益（Williamson，1985）。由于经济人具有"有限理性"，所以农民的很多行为仍旧受自我利益驱使，所以他们通常对所需的公共产品的数量和偏好程度有提供虚假信息的动机（陈万灵，2002）。通常情况下，个人因自我利益的驱动，有高报公共服务需求的动机，且低报从消费公共服务获得的利益（Samuelson，1954）。这也表明想要获得农民准确的公共服务需求在现实社会中非常困难。

对于干部而言，在任期约束和政绩考核约束下，决策容易产生机会主义，即干部会追求自身利益最大化，牺牲公共利益而换取私人利益，无视长期利益收益而追求短期利益。这也表明干部往往追求高收益的政绩，而不是公共利益高的服务（陈新明，2021）。

公共服务的有效供给是政府一直致力于解决的问题，是政府民本思想的体现。群众路线是中国共产党的根本工作路线，是政府基层干部了解群众的途径，可以为公共服务的有效供给提供信息传导的路径。农村生产性公共服务作为农业经济实现内生性增长的主要动力，其有效供给有助于促进农村经济的可持续发展，同时还有助于缩小城乡差距，是关系到其他公共服务发展的基础和前提条件。

二、构建模型的思路和框架

诺贝尔经济学奖获得者克拉克和格劳维斯为了诱使个人显示其真实偏好，通过设计克拉克-格劳维斯税来实现公共服务供给者——政府和公共服务需求者——公众之间的良好沟通和互动（Clarke，1971；Groves 和 Loeb，1975）。当全部个体在决定是否选择某公共服务时，每个个体表达自己对公共服务的取舍所给予的个人估值，当选择取舍的个体的累计个人估值超过另一方，就会赢得对该服务的取舍权，获得一方的关键投票权，但必须缴纳一定数量的税费，此税费等于与另一方在关键投票者不参与投票时累计产生的价格估值之间的差额。也就是说，克拉克-格劳维斯税通过税费来惩罚那些夸大或缩小个体对公共服务偏好的投票者，从而最终使得公共服务的偏好回归真实偏好。但是这样的税费在现实社会中很难实施，尤其对于税费改革后的农村地区而言更是如此。2006年全面取消农业税后，随着"城市反哺农村"政策的实行，农村公共服务的供给主要通过政府的专项资金补贴来供给，所以农民不必为大多数农村公共服务向政府纳税（林万龙和刘仙娟，2006）。因此，农民的公共服务需求和干部的公共服务供给就更难显露。那么对于如何让农民和干部显示其公共服务的需求和供给水平，则是本书希望探索的问题之一。

国内学者绝大多数通过实地调查的需求和满意度来替代公共服务的真实需求（李燕凌和曾福生，2008；睢党臣等，2015），但较少对公共服务的供给者进行实地调查来了解其主要提供的公共服务，以及其对自己提供的公共服务的评估情况。所以本书不仅通过实地调查了解农民对公共服务的满意情况和需求情况，同时也调查了公共服务的供给者在实际工作中提供的主要公共服务，以及其认为自己的公共服务是否被农民需要的程度和满意的程度。在公共服务的供给和需求之间存在着一个盲区，是不被人们所理解的，那就是公共服务的供求信息的传导机制是如何的？是否有效？所以，本书构建了公共服务供求信息传导机制，并基于群众路线对其进行解释和论证。

通过萨缪尔森的一般均衡理论可以得到公共服务的有效供给取决于公共服务的提供者——政府的公共政策执行或决策程序。而政府决策程序取决于政府政策及政府工作的有效性，归根结底依旧是政府干部的质量和认知水平（Stiglitz，1999）。所以，政府公共服务的有效供给取决于干部和农民两个方面。因此，笔者结合农村的现实情况和国家公共政策的制定和实施情况，在政府干部和农民之间构建了农村公共服务供求信息的传导机制（图4.1）。

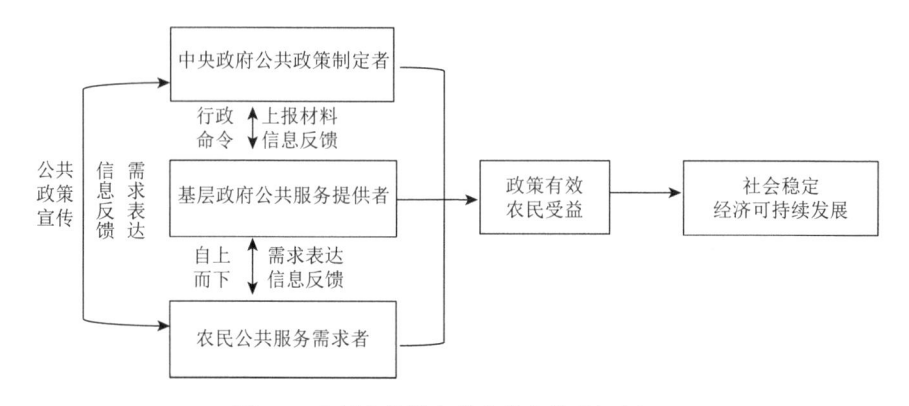

图4.1 农村公共服务供求信息传导机制

第四章 研究基础

在传导机制中,中央政府制定的国家公共政策从全国的范围内指引地方公共服务的供给,基层政府干部是公共服务的主要供给者,农民是公共服务的需求者。但对于农民而言,公共政策信息的获得可以有两种渠道,一种通过公共政策的宣传途径(包括电视、报纸、广播、网络和自媒体等新闻媒体)获得,另一种通过基层政府在接收到行政命令后通过自上而下的信息或服务供给获得。而农民的需求表达和信息反馈的途径理论上也可以通过这两条渠道向上传递,一是通过公共政策的宣传途径(包括电视、报纸、广播、网络和自媒体等新闻媒体)向政府反映,二是通过向基层政府的公共服务供给者反映公共服务的需求和信息。如果这两条渠道都畅通,那么政府制定的公共政策将是有效的,长期来讲对农民是有益的,有利于社会稳定和经济可持续发展(图4.1)。对于农村生产性公共服务而言,公共服务提供者的范围缩小为基层政府中主要供给农村生产性公共服务的干部,而其他传导途径都与公共服务的供求信息传导路径是一致的。

群众路线一直是我党的根本工作路线,主要工作方式是"一切为了群众,一切依靠群众,从群众中来,到群众中去",希望干部和群众之间能够形成良好的互动,即干部能够将群众的意见收集起来形成统一的政策,再到群众中去宣传解释,被群众所接受和修正,不正确或不合理的政策或服务再收集起来形成统一的政策或认识,再一次继续到群众中去宣传解释,被群众接受和修正,不断循环,一次比一次的政策更好、更有效。这在一定程度上符合农村公共服务供求信息传导机制(图4.1)的过程。特别地,在2012年前后,各省市开展了积极倡导群众路线的活动(包括"三问三解""联村联户""三同"等),指导和鼓励干部通过走"群众路线",积极地了解农民所思、所想,为农民提供所需要的公共服务。这样的思想,为本书提供了让干部和农民互相了解各自满意和需要的公共服务的渠道,也为本书提供了基于"群众路线"来研究农村公共服务供求信息传导机制的机会。所以,本书根据我国各级政府的职责,以及公共政策制定和实施的过程与新闻宣传公共政策或服务的情况,构造了基于"群众路线"的农村公共服务信息传导机制,主要包括了三层政策主体——中央和地方省市级政府(省部级干部)、基层政府(县乡基层干部)、农民(村干部和农民)(图4.2)。该传导机制有两条主线,一条是通过群众路线的实施,基层农业干部和农民之间形成了互相了解和反馈的沟通机制,另一条是通过供给公共服务,基层农业干部和农民之间形成了公共服务供求关系。本书希望通过研究群众路线的实施,观察是否有助于提升基层农业干部和农民之间的公共服务供求信息的沟通,从而最终解释群众路线能否助推干部供给公共服务的传导效果。

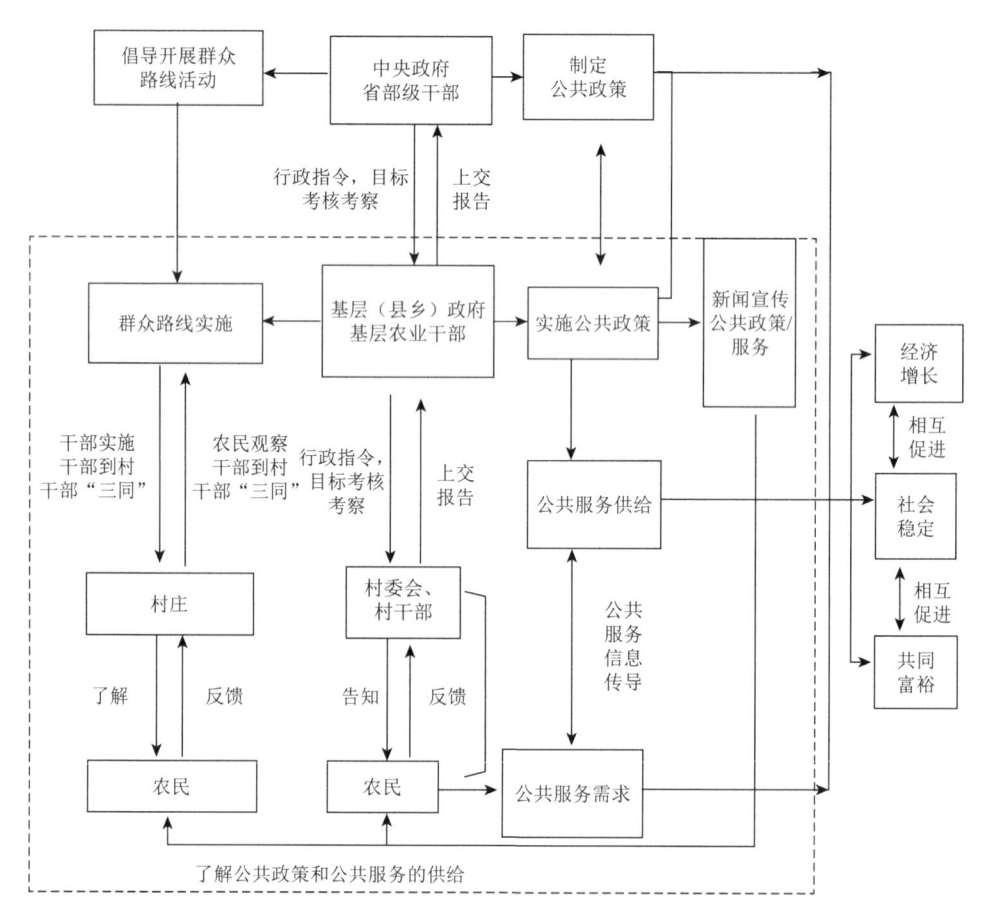

图 4.2　群众路线助推服务供给的信息传导机制
虚线框表示本书用数据重点刻画的群众路线助推服务供给的信息传导机制

在此基础上，笔者提出了本书的理论分析框架图（图 4.3）。首先，通过干部和农民双重视角的公共服务认知情况来厘清农村生产性公共服务的供求认知差异。由于干部实施群众路线存在差异，所以本书通过实证研究论证农村生产性公共服务供求信息传导路径——"群众路线"是否能改变供求认知的差异。但由于供求认知差异不是单一变量，所以本书通过干部和农民的生产性公共服务供求认知的差异提炼出干部对公共服务的供求认知一致的变量，作为生产性公共服务供求信息传导路径给公共服务供给者带来的影响，而把满意度作为公共服务供求信息传导路径给公共服务需求者带来的影响。其次，从干部和农民双重视角分析了基于"群众路线"的农村生产性公共服务供求信息传导路径的现状和影响因素。对于公共服务供给者而言，群众路线的路径是干部实施群众路线的方式，主要包括干部到村和干部"三同"。另外，还分析了其主要的影响因素——干部自身个人特征和工作经验。对于公共服务需求者而言，群众路线的路径是农民观察干部实施群众路线的方式，主要也包括干部到村和干部"三同"的观察。然后，通过实证分析研究农民自身个人特征和参与政治活动的意愿，以及观察干部群众路线活动或观看新闻获取信息的行为对公共服务供求信息传导路径的影响。再次，从干部和农民双重视角描述了基于"群众路线"的生产性公共服务供求信息传导的绩效的现状和影响因素。对于公共服务的供给者而言，绩效主要是基于干部和农民供求认知的差异比较后得到的干部认知一致；对于公共服务的需求者而言，绩效主要是农民对整体的生产性公共服务的满意度。其影响因素除了主要的变量——公共服务供求信息传导路径外，其余的变量都与公共服务供求信息传导路径的影响因素是一致的。最后，讨论了如何更好地建立基于"群众路线"的农村公共服务信息传导机制的方法和制度。

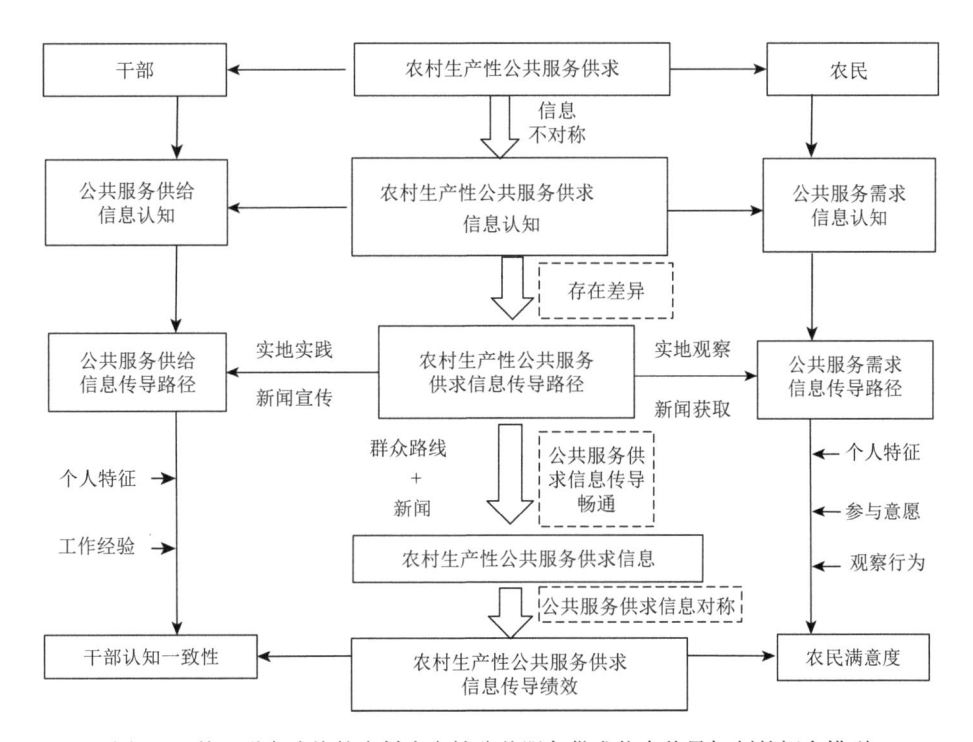

图 4.3 基于群众路线的农村生产性公共服务供求信息传导机制的概念模型

虚线表示需要验证的部分

三、研究假设

群众路线一直以来都是我国政府干部及党组织的根本工作路线，但信息不对称问题同样也存在于群众路线的实施过程和公共服务的供给过程中，所以本书从两个视角——干部实施视角和农民观察视角——分析基于"群众路线"的农村生产性公共服务供求信息传导路径和绩效。根据上述理论和模型，以及文献研究和实地观察，本书提出了相应的假设，具体如下。

（1）关于农村生产性公共服务供求认知方面，主要有两个假设。

假设一：农业干部认为农民最了解、最满意的农村生产性公共服务与农民最了解、最满意的农村生产性公共服务不一致。

假设二：农业干部认为农民最需要的农村生产性公共服务与农民最需要的农村生产性公共服务不一致。

（2）关于群众路线的实施路径方面，主要有三个假设。

假设三：干部实施和农民观察的群众路线实施路径不一致。

假设四：群众路线实施路径——干部实施假设。有乡镇工作经验且有较长的农业工作经验的基层党员干部能较多地实施干部到村和干部"三同"的群众路线实施路径。

假设五：群众路线实施路径——农民观察假设。积极参与村庄事务的农民党员更可能观察到干部到村和干部"三同"的群众路线实施路径。

（3）关于群众路线实施的绩效方面，主要有三个假设。

假设六：干部实施的群众路线路径可以提高群众路线的绩效——干部认知一致性。

假设七：农民观察的群众路线实施路径可以提高农民对基层政府的满意度。

假设八：群众路线的宣传路径可以提高中央政府的满意度，但群众路线的实施路径可以提高基层政府的满意度。

第四节 数 据 来 源

本次调查根据基层政府群众路线活动的实施情况和调查许可的程度，非随机抽取了6个县。国家层面的党的群众路线教育实践活动开始于2013年6月，但在此前的一年时间，也就是从2012年初，一些地区开始试点群众路线活动，如"连心工程""联村联户""三问三解""三同"等，但这些仅仅在部分地区实施，并没有在我国各地区全部实施。在这段时间，新闻媒体也开始对该活动进行大量宣传，在中央、省、市和县的新闻媒体中都有报道。对于陕西省而言，在陕西省政府的牵头下，各县开展了相应的活动，这为调查县干部实际拜访村民的情况，以及了解县干部的认知产生的变化提供了一个非常好的机会。笔者在选择样本时，6个样本县都已经开始实行群众路线教育活动，但通过实地调查了解到各县参与联系或到访农民的干部比例介于40%到90%之间。尽管本书的数据不代表全国群众路线的实施情况，且主要为2012年部分县实施的群众路线实施情况，但对研究群众路线的实施情况和影响因素仍有一定的学术价值和现实意义。

此外，本次调查还访谈了县农业局的全部干部及所在县的农民。县农业局干部是基于访谈时的在场情况进行非随机选择的，共有152名县农业干部愿意接受访谈且最终都完成了调查。6个县的县领导与主办大学都有正式或非正式的接触，所以也为本书提供了一些当地活动的情况，并帮助协调当地的调研活动，从而保证了调研的正常进行。6个县的样本乡镇及其辖下的样本村庄都是根据分层随机抽样方法进行选择得到。具体地，在每个县将乡镇按人均工业产值排序并分成两个组（高收入组和低收入组），然后在各组中随机选取2个乡（镇）。乡镇选出后，再在每个乡（镇）所有的村中随机选取3个村。在选定的每个村里，根据农户花名册按照随机数表随机抽取15户农户。最终，本书的样本是152名县农业干部、72名村干部的纵向数据和541个农民的横向数据[①]。

本书的研究对象包含两个群体，县农业干部和农民。相应的调查问卷也分为两类，县农业干部问卷（附录1）和农户问卷（附录2）。对于县农业干部而言，因变量是县农业干部对村民需求估计的一致性，主要的自变量是县农业干部到村情况和"三同"情况。对于农民而言，因变量是村民对县政府的满意度和村民的需求状况，主要的自变量是村民对县农业干部到村行为的观察，村民是否通过新闻了解干部到村情况和政策实施情况。

县农业干部的样本来自对县农业干部的定量和定性访谈，调查他们在工作中的职责，尤其是在新的群众路线活动中的一些具体责任。还有一些问题回答了自实施群众路线以来干部的联村情况，干部对农民公共服务需求的估计和干部个人的人口统计信息等。

针对这些服务，调查组询问了样本县的所有农业干部对农民就其提供的公共服务的最需要的三项服务，以及农民对其提供服务的满意程度。同时，还询问了农业干部的基本工作职责和个人特征，如性别、年龄、工龄、农业部门工作年限、乡镇工作经验等。另外，针对干部是否参与群众路线活动以及参与程度，采用农业干部联村和联户（"联村联户"）的个数。

在农民问卷中，对县农业干部提供的农业服务和农民自己估计的服务需求有类似的问题。此外，本书也有关于村民对县政府的满意度和新闻媒体的来源和频数的一些问题。满意度的范围是0~10，0表示最不满意，10表示最满意。本书将5以下的满意度认为农民对县政府干部不满意，6以上的满意度认为农民对县政府干部满意，更多的变量描述在第五至七章具体描述。

---

① 实际调查中，有一个村庄，多调查了一名农户，故总样本为541名农户。

第五章　服务供求主体的现状分析

农村公共服务是基层政府建立服务型政府的首要职责，也是避免市场失灵的重要工具，所以干部作为公共服务的供给者，应该熟知农民对公共服务的了解情况、满意情况和需求情况。农民作为公共服务的需求者和接受者，理论上应该希望了解且熟知基层干部提供的公共服务，从而方便获取应有的帮助。对于基层政府而言，和农民接触最多，也最熟悉农民的部门是县农业部门。所以，本章主要以基层政府中的县农业部门应该提供的主要生产性公共服务为基础，首先描述县农业干部提供的生产性公共服务现状、县农业干部估计农民对其提供的生产性公共服务的了解情况、满意情况和需要情况；其次描述农民对县农业干部提供的生产性公共服务的了解情况、满意情况和需要情况；最后比较县农业干部与农民对农村生产性公共服务的认知情况的差异并解释存在差异的原因。

第一节　服务供求主体特征

一、供给主体特征

本书共调查 152 名县农业干部，作为农业生产性公共服务供给主体的样本范围（表 5.1）。在个人特征方面，63%为男性，其余为女性，男性仍旧是基层干部的主要工作人员。其中，近一半的干部年龄为 40~50 岁，1/3 左右的干部为 30~40 岁，其余 20%的干部年龄大于 50 岁或小于 30 岁，这也表明我国基层农业干部主要为中青年干部，也符合县级政府官员的整体分布。另外，61%的干部为党员，与群众大致形成六四开的比例，说明了基层政府中党员和群众的比例基本协调。近一半的干部教育水平是大专学历，有略小于 10%的干部为高中或中专学历，其中本科学历以上的干部有一名，且为研究生学历。

在工作经历方面，65%的农业干部都有乡镇工作经验，丰富的乡镇工作经验有利于农业工作的开展。在被调查的干部中，农业部门工作的工作年限为 10 年以上的干部占 74.3%。从事农业相关工作的平均年限为 15.81 年，其中工作时间最少的是 1 年，时间最长的是 34 年，由此可见，基层农业干部都具有丰富的基层农业工作经验。根据我国的实际情况来看，如何激励基层干部更好地为群众提供公共服务,促进基层社会更好地发展,是干部工作中需要关注的重点。

表 5.1 县农业干部的社会经济特征

变量	均值	偏差	最小值	最大值
性别(1=男,0=女)	0.63	0.48	0	1
年龄	40.88	7.41	22	59
党员(1=是,0=否)	0.61	0.49	0	1
教育程度	4.27	0.63	3	6
乡镇工作经验(1=是,0=否)	0.65	0.48	0	1
农业部门工作年限	15.81	8.50	1	34

二、需求主体特征

本书共调查 541 名农户,作为农业生产性公共服务需求主体的样本(表 5.2)。在个人特征方面,男性占 58%,女性占 42%。农民的年龄是 50 岁左右,说明较多的中老年人在农村生活。样本中仅有约 11%的农户不种地,平均耕种的土地面积为 2.68 亩(1 亩≈666.67 平方米),年平均收入为 2148.97 元,这是由调查区域是山地地形决定的。样本农户的受教育水平较低,所以在本书的调查中将文化程度进行了详细的划分。其中,47%左右的农民为小学文化水平以下,仅有不足 10%的农民为高中及以上学历。样本农户中有 11%是党员,剩余的 89%均为群众。农户中有 14%的农民不知道村委会委员人数为 5 个,说明有一部分的农民不关心村委会和政府的情况。对于参与村委会投票的情况,74%的农户都积极参与投票活动,这反映了绝大多数的农民参与意愿较高。

表 5.2 农民的社会经济特征

变量	均值	偏差	最小值	最大值
性别(1=男,0=女)	0.58	0.49	0	1
年龄	49.86	10.71	19	78
党员(1=是,0=否)	0.11	0.32	0	1
教育程度	1.53	0.87	0	3
种地(1=是,0=否)	0.89	0.32	0	1
村委会委员(1=是,0=否)*	0.86	0.35	0	1
选举(1=是,0=否)	0.74	0.44	0	1

*表示当村民认为村委会委员个数为 5~7 时,村委会委员为 1;当村民认为村委会委员个数小于 5,或大于 7 时,村委会委员为 0

第二节 服务供给概况

根据表 4.1 的县农业干部提供的基本生产性公共服务，对 2012 年样本县农业干部提供的公共服务开展的调查结果如图 5.1 所示。从图 5.1 可以得出，约 67%的县农业干部提供农业技术培训的服务，说明培训工作是县农业干部的主要工作，与冯林和张自尧（2013）、孙永朋等（2012）的研究一致。地膜覆盖技术和农业基础设施建设这两项公共服务，基本上由将近一半的县农业干部提供，这说明基础设施的建设和地膜覆盖技术的引进也是县农业干部的职责。40%左右的干部提供过新品种栽培管理和农作物病虫害防治的公共服务，30%左右的干部提供了测土配方施肥、农业灾害评估和农资打假的公共服务。另外，对于饲料监测和化肥监测这两项公共服务，县农业干部提供的最少，仅有 15%左右。所以，根据调查结果，笔者可以推测在样本地区，县农业干部认为他们主要提供的公共服务——农业技术培训——是农民最重要也是农民最急需的公共服务。

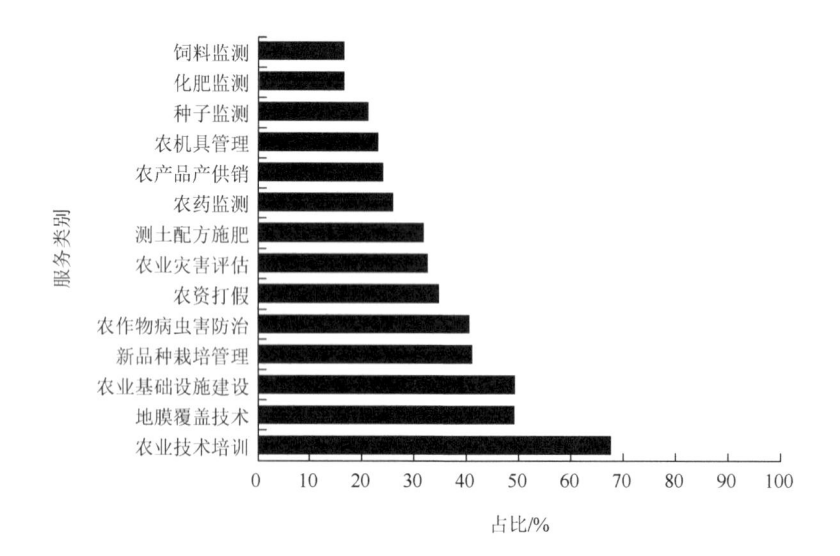

图 5.1 县农业干部提供的主要公共服务

针对县农业干部主要从事的农业技术培训工作，本书调查了他们提供的具体培训服务，结果如图 5.2 所示。70%以上的干部都认为县农业部门对农户进行了以下 12 项培训服务：地膜覆盖技术、良种引进、大棚种植技术、测土配方施肥、农药喷洒技术培训、农作物病虫害防治技术、新品种栽培管理技术、农机具使用、药剂拌种、科学灌溉、饲料配伍和农产品仓储技术。其中，地膜覆盖技术是县农业干部认为提供最多的培训服务，达到90%；良种引进、大棚种植技术、测土配方施肥、农药喷洒技术培训、农作物病虫害防治技术、新品种栽培管理技术、农机具使用这7项相关的培训比例达到80%~90%；农产品仓储技术是县农业干部认为提供最少的培训服务，为70%左右。总体而言，这些培训服务是县农业干部提供的核心公共服务。

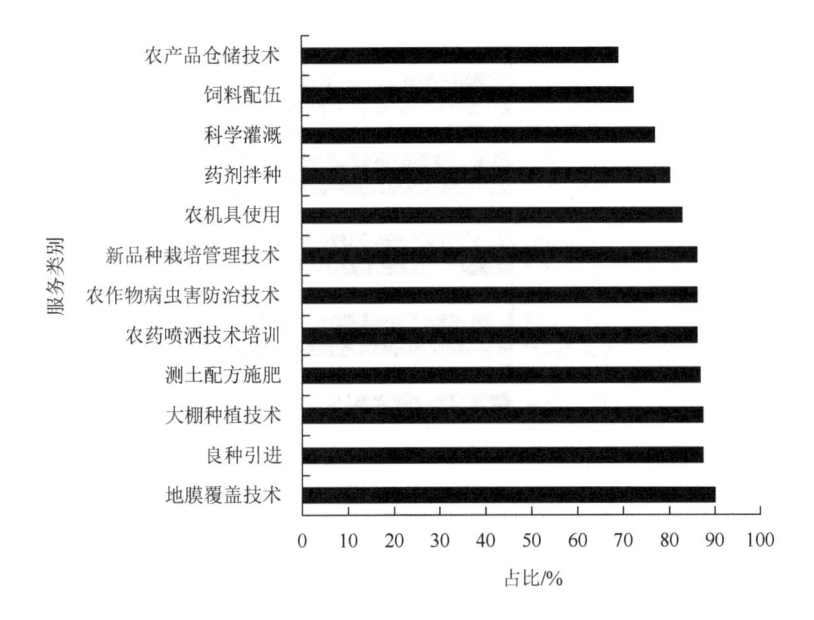

图 5.2　县农业干部主要开展的培训服务

第三节　服务供给主体的认知现状

县农业干部作为提供生产性公共服务的主体，是否正确认知农民对自己提供的公共服务的了解情况、满意情况和需求情况是其能否正确有效供给公共服务的首要条件。本节从以下三方面的内容开展描述。

一、供给主体的了解现状

县农业干部整体上认为农民对其提供的生产性公共服务非常了解，也就是说，对于每一项公共服务而言，65%以上的县农业干部认为农民了解这些公共服务。其中，90%左右的县农业干部认为农民了解他们提供的地膜覆盖技术、农业技术培训和农作物病虫害防治这3项服务（图5.3），且这也是比例最高的3项服务。这3项服务之间差距不大，所以，本书认为地膜覆盖技术、农业技术培训和农作物病虫害防治是县农业干部认为农民最了解的 3 项农业生产性公共服务。大约 85%的县农业干部认为农民了解农机具管理、测土配方施肥、新品种栽培管理、农资打假、农业基础设施建设、种子监测这 6 项服务。而农业灾害评估服务比例最低，即多于 30%的县农业干部估计农民不了解这项服务。21%的县农业干部估计农民不了解其提供的饲料监测服务。

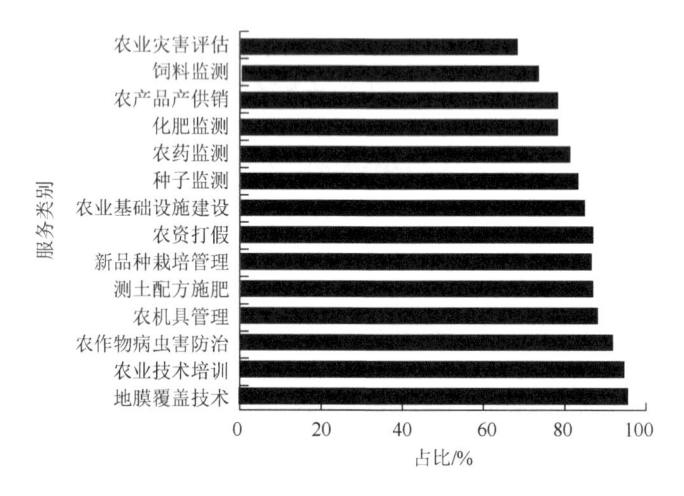

图 5.3　县农业干部估计农民的了解情况

在参考其他文献（孙翠清和林万龙，2008）和调查结果的基础上，本书认为仅仅针对每一项公共服务的了解情况的分析，无法筛选出县农业干部估计农民最了解的公共服务，所以笔者还对县农业干部估计农民最了解和最不了解的 3 项服务进行了分析，结果如表 5.3 和表 5.4 所示。总的来讲，最了解的 3 项服务和最不了解的 3 项服务之间的排序几乎一致。尽管排序先后会有差异，但最了解的 3 项服务分别都是农业技术培训、地膜覆盖技术和农作物病虫害防治。最不了解的 3 项服务分别是农业灾害评估、饲料监测和化肥监测。特别地，所有县农业干部都认为农民最不了解的服务中不包含农作物病虫害防治。这从侧面反映了在农作物病虫害防治方面，县农业干部可能接触的农民最多。

表 5.3　县农业干部估计农民的了解度排序（单位：%）

服务类别	最了解	第二了解	第三了解	总提及率
农业技术培训	20.67	16.11	18.79	18.53
地膜覆盖技术	21.33	18.79	9.40	16.52
农作物病虫害防治	14.00	14.09	13.42	13.84
种子监测	14.00	8.05	1.34	7.81

续表

服务类别	最了解	第二了解	第三了解	总提及率
农业基础设施建设	5.33	7.38	9.40	7.37
测土配方施肥	4.00	8.05	9.40	7.14
新品种栽培管理	3.33	6.71	8.05	6.02
农资打假	3.33	2.01	10.74	5.36
农药监测	3.33	5.37	6.04	4.91
农机具管理	2.67	2.68	6.71	4.02
农产品产供销	8.00	2.01	2.01	4.02
化肥监测	0.00	6.04	1.34	2.45
农业灾害评估	0.00	1.34	2.01	1.11
饲料监测	0.00	1.34	1.34	0.89

注：最了解的有效回答人数是150，第二了解和第三了解的有效回答人数是149

表 5.4 县农业干部估计农民的不了解度排序（单位：%）

服务类别	最不了解	第二不了解	第三不了解	总提及率
农业灾害评估	38.05	19.44	21.57	26.62
饲料监测	13.27	18.52	12.75	14.86
化肥监测	12.39	14.81	7.84	11.76
农药监测	4.42	11.11	9.80	8.36
农资打假	4.42	6.48	10.78	7.12
农产品产供销	10.62	4.63	3.92	6.50
农业基础设施建设	2.65	9.26	7.84	6.50
种子监测	5.31	3.70	7.84	5.57
测土配方施肥	4.42	3.70	8.82	5.57
新品种栽培管理	2.65	3.70	5.88	4.02
农机具管理	1.77	2.78	0.98	1.86
农业技术培训	0.00	0.93	1.96	0.93
地膜覆盖技术	0.00	0.93	0.00	0.31

注：最不了解的有效回答人数是113，第二不了解的有效回答人数是108，第三不了解的有效回答人数是102

根据表5.3和表5.4，按总提及率算，农业技术培训是县农业干部认为农民最了解的公共服务。其次是地膜覆盖技术，其低于农业技术培训约两个百分点，农作物病虫害防治位列第三，为13.84%。在县农业干部估计农民的不了解度排序（表5.4）中，农业技术培训也仅仅在第二不了解和第三不了解的公共服务中出现，总排序倒数第二。首先，农业灾害评估是县农业干部估计农民最不了解的公共服务，达到27%左右。其次，是饲料监测，约15%，化肥监测位列第三，约12%。

二、供给主体的满意现状

县农业干部整体上认为农民对自己提供的服务的满意程度非常高。图5.4显示，80%以上的县农业干部估计农民对14项公共服务满意。其中，地膜覆盖技术满意度接近98%，农业技术培训的满意度在95%左右，接下来种子监测、农机具管理、农作物病虫害防治和新品种栽培管理的满意度均在90%以上。另外，县农业干部估计农民对农产品产供销、饲料监测、化肥监测的满意程度较低，约在85%，满意程度最低的是农业灾害评估，约为80%。

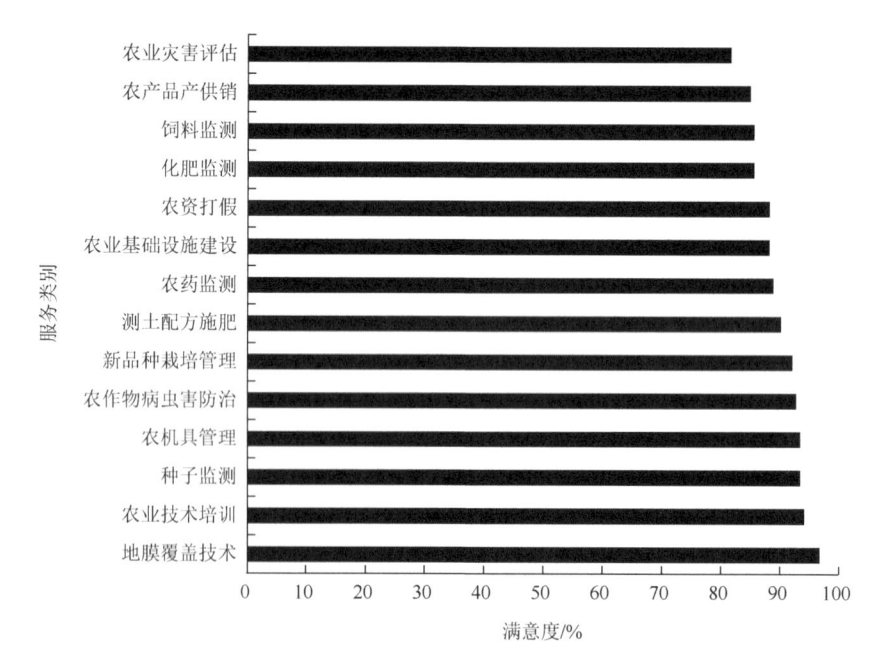

图5.4　县农业干部估计农民对农业生产性公共服务的满意程度

与对县农业干部估计农民的了解程度的分析相类似，本节也对干部估计农民最满意和最不满意的3项服务进行了分析，结果见表5.5和表5.6。最满意的3项服务和最不满意的3项服务的排序基本一致，农业技术培训、地膜覆盖技术和农作物病虫害防治仍旧是县农业干部认为农民最满意的3项服务，而农业灾害评估、饲料监测、农产品产供销是农民最不满意的服务。同时，县农业干部估计农民最满意的 3 项公共服务与最了解的 3 项服务也一致，但满意度的提及率要比了解程度的差距更大。其中，农业技术培训仍旧是满意度最高的服务，农业灾害评估是满意度最低的公共服务，这与图 5.4 的农业灾害评估的满意度最低的调查结果基本一致。

表 5.5　县农业干部估计农民对农业生产性公共服务的满意度排序（单位：%）

服务类别	最满意	第二满意	第三满意	总提及率
农业技术培训	20.81	15.54	18.37	18.25
地膜覆盖技术	22.15	14.19	9.52	15.32
农作物病虫害防治	12.75	10.81	14.97	12.84
种子监测	13.42	8.11	5.44	9.01
农业基础设施建设	6.71	8.11	8.84	7.88
新品种栽培管理	2.01	12.16	6.12	6.75
测土配方施肥	4.70	10.81	4.08	6.53
农机具管理	4.03	3.38	9.52	5.63
农药监测	4.70	6.76	4.08	5.18
农资打假	1.34	2.03	8.16	3.83
农产品产供销	5.37	1.35	3.40	3.38
化肥监测	0.67	4.05	3.40	2.70
饲料监测	0.67	1.35	2.04	1.35
农业灾害评估	0.67	1.35	2.04	1.35

注：最满意的有效回答人数是 149，第二满意的有效回答人数是 148，第三满意的有效回答人数是 147

表 5.6　县农业干部估计农民对自己提供的服务的不满意度排序（单位：%）

服务类别	最不满意	第二不满意	第三不满意	总提及率
农业灾害评估	23.91	16.67	14.29	18.42
饲料监测	11.96	13.33	17.86	14.29
农产品产供销	13.04	14.44	10.71	12.78
农资打假	13.04	7.78	14.29	11.66
化肥监测	8.70	10.00	9.52	9.40
农业基础设施建设	9.78	8.89	8.33	9.02
农药监测	7.61	12.22	5.95	8.65
新品种栽培管理	2.17	5.56	3.57	3.76

续表

服务类别	最不满意	第二不满意	第三不满意	总提及率
农机具管理	1.09	4.44	4.76	3.38
测土配方施肥	2.17	3.33	4.76	3.38
种子监测	3.26	1.11	2.38	2.25
农作物病虫害防治	0.00	1.11	3.57	1.50
农业技术培训	2.17	1.11	0.00	1.13
地膜覆盖技术	1.09	0.00	0.00	0.38

注：最不满意的有效回答人数是92，第二不满意的有效回答人数是90，第三不满意的有效回答人数是84

三、供给主体的需要现状

通过对县农业干部估计农民对公共服务的需求情况分析得到，农业技术培训仍旧是县农业干部认为农民最需要的公共服务，总提及率达到23%左右，其次是农产品产供销、农业基础设施建设和新品种栽培管理，总提及率均在12%左右，但远远低于农业技术培训（表5.7）。而县农业干部认为农民最不需要的公共服务是农业灾害评估、饲料监测和化肥监测，总提及率均在10%以上（表5.8）。

表5.7 县农业干部估计农民的需要程度排序（单位：%）

服务类别	最需要	第二需要	第三需要	总提及率
农业技术培训	32.67	22.15	15.65	23.55
农产品产供销	22.00	6.71	10.2	13.00
农业基础设施建设	9.33	10.07	18.37	12.56
新品种栽培管理	8.67	18.12	6.80	11.21
农作物病虫害防治	7.33	8.72	9.52	8.52
农资打假	3.33	3.36	13.61	6.73
种子监测	6.67	4.70	6.12	5.83
农机具管理	2.67	7.38	4.08	4.71
农药监测	4.67	6.04	2.04	4.26
测土配方施肥	2.00	2.01	4.76	2.91
地膜覆盖技术	0.67	6.04	0.00	2.24
化肥监测	0.00	1.34	5.44	2.24
农业灾害评估	0.00	2.68	3.40	2.02
饲料监测	0.00	0.67	0.00	0.22

注：最需要的有效回答人数是150，第二需要的有效回答人数是149，第三需要的有效回答人数是147

表 5.8　县农业干部估计农民的不需要程度排序（单位：%）

服务类别	最不需要	第二不需要	第三不需要	总提及率
农业灾害评估	22.34	17.39	17.98	19.27
饲料监测	11.7	13.04	17.98	14.18
化肥监测	8.51	17.39	15.73	13.82
农机具管理	9.57	9.78	7.87	9.09
农药监测	7.45	5.43	8.99	7.27
种子监测	9.57	6.52	4.49	6.91
农产品产供销	7.45	4.35	7.87	6.55
测土配方施肥	5.32	9.78	3.37	6.18
地膜覆盖技术	4.26	5.43	3.37	4.36
农业基础设施建设	5.32	3.26	3.37	4.00
新品种栽培管理	1.06	2.17	6.74	3.27
农资打假	5.32	2.17	1.12	2.91
农业技术培训	1.06	2.17	1.12	1.45
农作物病虫害防治	1.06	1.09	0.00	0.73

注：最不需要的有效回答人数是 94，第二不需要的有效回答人数是 92，第三不需要的有效回答人数是 89

但县农业干部估计的农民最需要的公共服务与最了解、最满意的公共服务之间有一定的差异。例如，县农业干部估计农民最了解、最满意的公共服务为农业技术培训、地膜覆盖技术和农作物病虫害防治。但县农业干部估计农民最需要的公共服务则是农业技术培训、农产品产供销、农业基础设施建设和新品种栽培管理。所以，从干部的视角出发，与图 5.1 相比较，样本地区的县农业干部提供的公共服务在一定程度上符合了他们对农民需求的认知情况。

第四节　服务需求主体的认知现状

农民作为基层政府供给公共服务的接受者，是评价公共服务供给效果的主体。所以，农民了解、满意和需要政府提供的公共服务与政府干部提供的公共服务一致，且与干部认为农民了解、满意和需要的公共服务一致是基层政府有效供给公共服务的结果。在基层政府的实际工作中，县乡干部的工作通常都是县政府的中心工作，也就是说只要上级政府下达命令，就要严格提供某项公共服务，在县政府保证行政事务有效提供的基础上，各部门集中完成中心工作（O'Brien and Li，1999）。所以，本书调查了农民对所获得的所有公共服务的了解、满意和需求情况，而不只是农业生产性公共服务，同时本书还将县乡农业干部提供的公共服务放在一起调查，不再区分县乡农业干部提供服务的差异。在本书开展预调查期间，笔者也证实了农民无法明显区分县农业干部和乡农业干部的主要工作和公共服务的情况。所以，本书的数据仅仅能够简单比较农民对县乡农业干部提供的公共服务的认知情况和县农业干部估计农民对其供给的公共服务的认知情况。

本节分别阐述了农民对县农业干部提供的公共服务的了解情况、满意情况和需要情况，并最终用这3个分析来评价县农业干部提供的公共服务供给效果。由于基层政府为农民提供的公共服务中县农业干部所占的比例仅为一部分，所以为了调查的结果更加全面，本书在调查过程中将基层政府提供的所有37项服务均开展了调查，并对其进行了满意度的分析（表5.9和表5.10）。表5.9的结果显示农民对农业生产补贴发放、计划生育和修路、修桥的满意度较高，提及率分别为16.54%、13.19%和9.98%。这3项服务都是农民平时关心较多，且事关每个农民收入和生活的事情。同时，在农民对37项公共服务的不满意程度排序中（表5.10），农民对人畜饮水最不满意，总提及率可达8.05%，退耕还林和修路、修桥的总提及率均为5.5%左右。结果表明修路、修桥等公共投资方面的公共服务是农民最满意的服务之一；同时，也是农民最不满意的服务之一。很多研究也表明，农业基础设施项目既可以提高农村的基础设施投入，也会因基础设施质量差带来道路恶化和维修费等产生的农村内部问题或矛盾（李强等，2006）。

表5.9　农民对37项公共服务的满意程度排序（单位：%）

服务类别	最满意	第二满意	第三满意	总提及率
农业生产补贴发放	32.43	10.14	5.49	16.54
计划生育	9.32	15.01	15.6	13.19
修路、修桥	11.26	11.76	6.59	9.98
退耕还林	6.80	5.88	9.01	7.18
人畜饮水	6.21	7.91	7.03	7.04
治安	3.50	7.10	7.69	6.02
疫情预防	3.88	5.27	3.74	4.30
农作物病虫灾害	3.69	5.27	3.52	4.17
纠纷调解	2.91	1.83	5.05	3.21
土地管理及分配	0.78	3.25	4.40	2.74
小流域治理	1.75	2.23	2.64	2.19
特色产业	3.11	1.83	1.32	2.12
经济作物	0.97	1.83	2.64	1.78

续表

服务类别	最满意	第二满意	第三满意	总提及率
农民专业技术协会（技术推广）	0.58	2.64	2.20	1.78
环境整治（如垃圾台）	1.17	1.42	2.42	1.64
新品种引进及栽培管理	1.55	1.83	1.54	1.64
灌溉系统维护	1.94	1.01	0.88	1.30
种子监测	0.78	1.42	1.54	1.23
排水维护	0.58	1.01	1.76	1.09
特色农产品商品生产基地建设	1.17	0.61	1.32	1.03
修建学校	0.39	0.81	1.98	1.03
地膜覆盖技术	0.58	1.22	1.10	0.96
生态建设规划	0.39	1.01	1.54	0.96
农资打假	0.19	1.22	1.32	0.89
修水窖	0.39	1.01	1.32	0.89
修梯田	0.58	1.22	0.66	0.82
农药监测	0.58	0.81	0.44	0.61
生产性培训	0.39	0.61	0.66	0.55
农业灾害评估	0.19	0.61	0.88	0.55
农机维修	0.00	0.61	0.88	0.48
村办企业	0.58	0.20	0.66	0.48
饲料监测	0.19	0.20	0.88	0.41
测土配方施肥工程	0.78	0.00	0.22	0.34
化肥监测	0.19	0.61	0.22	0.34
农产品供销	0.19	0.20	0.44	0.27
农业信息体系	0.00	0.20	0.22	0.14
发布产供销农情信息	0.00	0.20	0.22	0.14

注：最满意、第二满意、第三满意的有效回答人数分别是 515、493、455

表 5.10　农民对 37 项公共服务的不满意程度排序（单位：%）

服务类别	最不满意	第二不满意	第三不满意	总提及率
人畜饮水	11.43	6.80	3.75	8.05
退耕还林	5.71	4.85	7.50	5.88
修路、修桥	6.43	4.85	4.38	5.42
环境整治（如垃圾台）	5.36	4.85	3.13	4.65

续表

服务类别	最不满意	第二不满意	第三不满意	总提及率
特色产业	4.64	4.85	3.13	4.33
灌溉系统维护	6.07	2.43	3.13	4.18
小流域治理	3.57	2.91	6.88	4.18
农民专业技术协会（技术推广）	5.00	3.40	3.13	4.03
农作物病虫灾害	5.36	3.40	1.88	3.87
农业生产补贴发放	4.29	3.40	2.50	3.56
化肥监测	1.79	3.88	6.25	3.56
排水维护	2.50	4.37	3.13	3.25
经济作物	4.29	3.40	0.63	3.10
种子监测	2.14	2.43	5.63	3.10
农资打假	3.21	2.91	3.13	3.09
修建学校	3.57	1.46	2.50	2.63
村办企业	1.79	3.40	2.50	2.48
纠纷调解	3.21	1.94	1.88	2.48
农业灾害评估	2.50	3.40	0.63	2.32
农业信息体系	1.79	3.88	1.25	2.32
特色农产品商品生产基地建设	0.36	3.88	3.13	2.17
生态建设规划	2.50	0.00	3.75	2.01
地膜覆盖技术	0.71	3.40	2.50	2.01
农机维修	1.07	2.91	1.88	1.86
发布产供销农情信息	1.43	0.97	3.13	1.70
土地管理及分配	1.43	1.94	1.88	1.70
计划生育	2.86	0.49	0.63	1.55
修水窖	0.36	2.43	1.88	1.40
测土配方施肥工程	0.00	2.43	2.50	1.39
修梯田	0.71	1.94	1.88	1.39
农产品供销	0.71	0.49	3.13	1.24
新品种引进及栽培管理	1.07	1.46	1.25	1.24
生产性培训	0.00	1.94	1.88	1.08

续表

服务类别	最不满意	第二不满意	第三不满意	总提及率
疫情预防	0.36	0.49	1.88	0.78
农药监测	1.07	0.97	0.00	0.77
治安	0.71	0.49	0.63	0.62
饲料监测	0.00	0.97	1.25	0.62

注：最不满意、第二不满意、第三不满意的有效回答人数分别是 280、206、160

为了便于分析和比较，本节按照县乡农业干部提供的公共服务列表将实际调查的农民对 37 项公共服务的了解、满意和需求情况（表 5.9 和表 5.10）缩减显示为仅有县农业干部提供的 14 项公共服务的了解、满意和需求情况的现状（图 5.5～图 5.7，表 5.11 和表 5.12）。

一、需求主体的了解现状

农民对县农业干部提供的公共服务，与县农业干部估计农民的了解程度相比，农民对县农业干部提供的公共服务的了解程度较低，均在 45% 以下（图 5.5）。在县农业干部提供的 14 项农业公共服务中，农民了解程度最高的是农作物病虫害防治服务。但是，仅有不足 45% 的农民认为县农业干部提供了此项服务。对于其余的公共服务，不足 30% 的农民了解县农业干部有提供过此项公共服务。县农业干部认为农民最了解、最满意和最需要的农业技术培训服务，则仅有 20% 左右的农民了解。

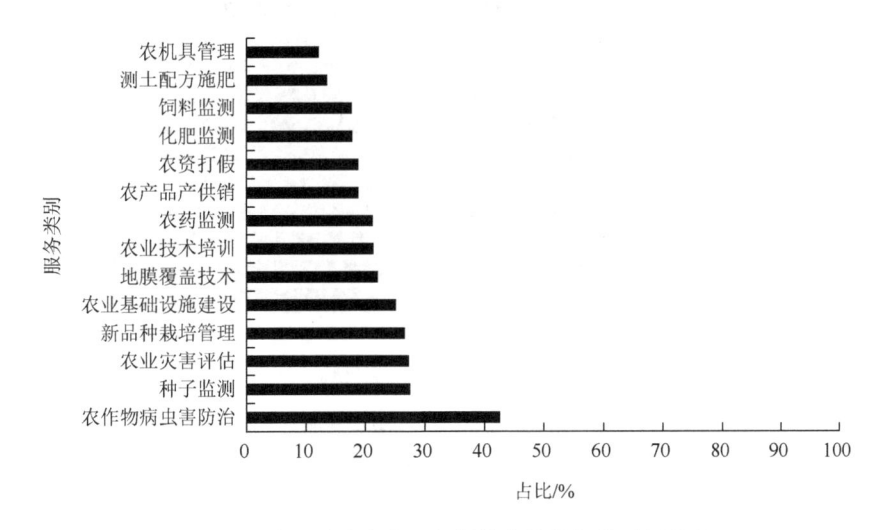

图 5.5 农民对县农业干部提供公共服务的了解程度

除农作物病虫害防治外，农民对其余公共服务的了解程度基本上分为四个层次。一是农业基础设施建设、新品种栽培管理、农业灾害评估和种子监测，约有25%的农民认为县农业干部提供过这4项公共服务。这4项公共服务关乎农业基础环境，最终会影响农民的收入，所以如果基层政府想要提高农民的满意度，需要在这些关系到农民现在和未来的环境和经济收入的问题上供给大量的公共服务。二是地膜覆盖技术、农业技术培训和农药监测，约有21%的农民认可县农业干部供给这3项公共服务。三是农产品产供销、农资打假、化肥监测和饲料监测，约有18%的农民了解。四是测土配方施肥和农机具管理，仅有13%左右的农民了解这2项公共服务。农民对干部提供的公共服务的了解程度较低，这侧面说明农民的了解渠道非常少，因此应该加强干部工作和提供公共服务的宣传力度，告知农民干部所提供的公共服务内容、种类和获得途径。

二、需求主体的满意现状

农民对他们所了解的县农业干部提供的14项服务满意度较高，基本上都在90%以上（图5.6），也就是只有1/10的农民对这些公共服务不满意。但图5.6的注释也详细说明回答满意度的农民样本数较少，也就是大多数农民不知道县农业干部提供了这些服务（图5.5），这可能无法代表总样本的情况，所以此满意度不

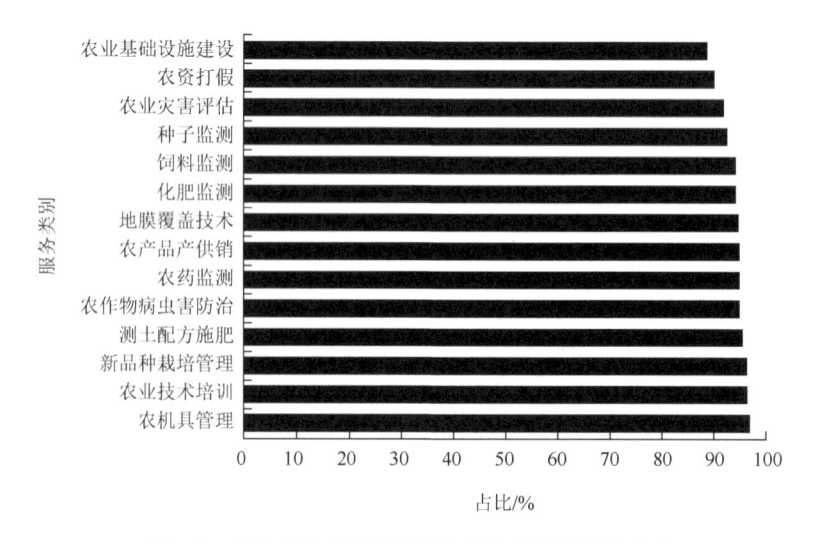

图5.6 农民对县农业干部提供的公共服务的满意度

由于只有农民知道县农业干部供给某一项公共服务时，他才会产生对某项公共服务的满意程度。所以对于不同的公共服务而言，有效回答人数不同。具体而言，农机具管理为62，农业技术培训为109，新品种栽培管理为135，测土配方施肥为68，农作物病虫害防治为220，农药监测为100，农产品产供销为77，地膜覆盖技术为112，化肥监测为85，饲料监测为83，种子监测为133，农业灾害评估为134，农资打假为91，农业基础设施建设为122

能作为衡量公共服务满意度的指标。因此，从这个分析角度而言，可能政府需要解决的核心问题不是增加县农业干部的公共服务供给数量，而是如何给农民提供有效的信息和真正的实惠，让农民受益。

根据表 5.11，农民对县农业干部提供的 14 项公共服务按满意程度进行了排列，为便于分析，本节按照总提及率对这些服务进行了排序。总体而言，公共服务的满意度都比较低，且总提及率都在 5% 以下。其中，农作物病虫害防治是总提及率最高的公共服务，超过了 4%。新品种栽培管理、农业基础设施建设和种子监测的总提及率均超过了 1%，这些服务都与农民的农业生产和收益密切相关。农业技术培训的总提及率仅为 0.55%，这在一定程度上说明农民对农业技术培训的满意度较低。

表 5.11 农民对县农业干部 14 项服务的满意度排序（单位：%）

服务类别	最满意	第二满意	第三满意	总提及率
农作物病虫害防治	3.69	5.27	3.52	4.17
新品种栽培管理	1.55	1.83	1.54	1.64
农业基础设施建设	1.94	1.01	0.88	1.30
种子监测	0.78	1.42	1.54	1.23
地膜覆盖技术	0.58	1.22	1.10	0.96
农资打假	0.19	1.22	1.32	0.89
农药监测	0.58	0.81	0.44	0.61
农业技术培训	0.39	0.61	0.66	0.55
农业灾害评估	0.19	0.61	0.88	0.55
农机具管理	0.00	0.61	0.88	0.48
饲料监测	0.19	0.20	0.88	0.41
化肥监测	0.19	0.61	0.22	0.34
测土配方施肥	0.78	0.00	0.22	0.34
农产品产供销	0.00	0.20	0.22	0.14

注：在调查过程中，有一部分农民认为在本书所列的公共服务中，没有一项公共服务令其满意，所以有效回答人数少于实际样本人数。最满意、第二满意、第三满意的有效回答人数分别为 515、493、455。有一部分农民，只有一项或两项公共服务满意，所以他们在选择公共服务时，仅仅有第一或第二满意的公共服务，没有第二或第三满意的公共服务，所以随着第一、第二和第三满意的公共服务的变化，有效回答的样本农户的数量也在减少

表 5.12 显示，农民对县农业干部提供的公共服务满意度较低。大多数农民对县农业干部不满意的公共服务总提及率超过 1%，其中农业基础设施建设、农作物病虫害防治、化肥监测、种子监测、农资打假这 5 项服务的提及率都超过 3%。通

过对比表 5.11 和表 5.12 发现，农民对县农业干部提供的农业基础设施、农作物病虫害防治、种子监测等公共服务在满意度和不满意度方面都位列前四。这也意味着，农业基础设施作为农业领域的重要投资项目，一方面能够带来巨大的收益，另一方面也导致了很多不公平的现象。而农作物病虫害防治和种子监测服务，也是农民最了解的公共服务。

表 5.12　农民对县农业干部提供的公共服务的不满意程度排序（单位：%）

服务类别	最不满意	第二不满意	第三不满意	总提及率
农业基础设施建设	6.07	2.43	3.13	4.18
农作物病虫害防治	5.36	3.40	1.88	3.87
化肥监测	1.79	3.88	6.25	3.56
种子监测	2.14	2.43	5.63	3.10
农资打假	3.21	2.91	3.13	3.09
农业灾害评估	2.50	3.40	0.63	2.32
地膜覆盖技术	0.71	3.40	2.50	2.01
农机具管理	1.07	2.91	1.88	1.86
测土配方施肥	0.00	2.43	2.50	1.39
农产品产供销	0.71	0.49	3.13	1.24
新品种栽培管理	1.07	1.46	1.25	1.24
农业技术培训	0.00	1.94	1.88	1.08
农药监测	1.07	0.97	0.00	0.77
饲料监测	0.00	0.97	1.25	0.62

注：最不满意、第二不满意、第三不满意的有效回答人数分别是 280、206、160

三、需求主体的需要现状

在农民对县农业干部提供的 14 项公共服务中，高达 70% 的农民认为县农业干部需要提供此项服务（图 5.7）。具体而言，90% 以上的农民需要种子监测、农作物病虫害防治、农药监测、新品种栽培管理、化肥监测这五项服务。另外，85% 左右的农民需要农资打假、农业技术培训、农业灾害评估、饲料监测这四项服务。最低的是地膜覆盖技术和农机具管理两项服务，需求均在 70% 左右。值得注意的是此处农民对农业技术培训服务的需求为 87%。这也与一些研究显示农民对于农业技术培训的需求相一致（孙永朋等，2012）。

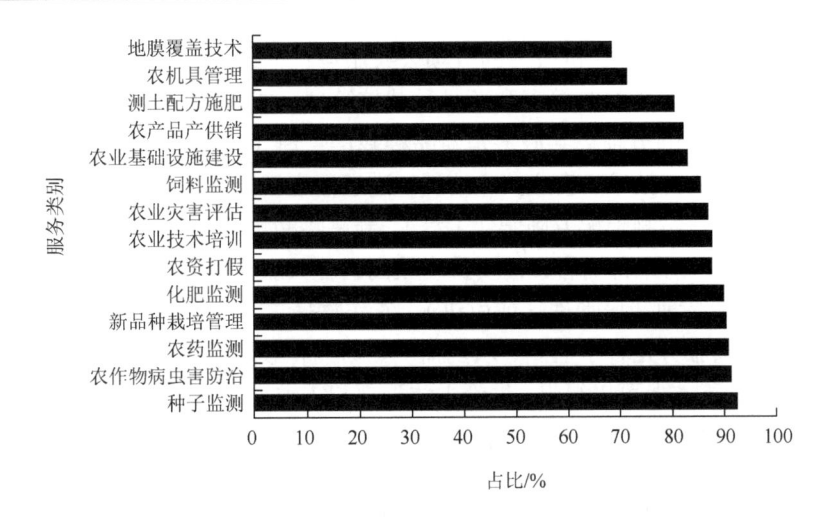

图 5.7 农民对县乡农业干部提供的公共服务的需要情况

由于调查问卷设计的问题，调查中没有就农民对干部提供的公共服务的需要情况进行排序

第五节 服务供求主体认知现状的差异和原因

农民和干部作为公共服务的消费者和主要供给方，两者应该对公共服务有一致的认知程度。但本章的调查数据显示，县农业干部认为农民对自身提供的服务的了解程度、满意程度和需要程度都较高，干部的估计情况都很乐观。具体来讲，70%左右的干部都认为农民需要他们提供的服务，但 90%左右的干部认为农民对其提供的服务满意。而农民对县乡农业干部提供的公共服务的了解程度较低且需要程度较高，同时在了解公共服务的情况下，满意程度较高。

表 5.13 的结果显示，首先，绝大多数县农业干部认为农民最了解、最满意也是最需要的生产性公共服务是农业技术培训。这也说明从干部的视角出发，农业技术培训才是最重要的公共服务，也是县农业干部的日常工作重点，已经不再仅仅局限于改革开放初期的基础农业设施投资（李强等，2006）。结合前四节和表 5.13 的结果，笔者从三个方面综合分析。首先，绝大多数县农业干部认为农民最了解、最满意也最需要的生产性公共服务是农业技术培训。这也说明从干部的视角出发，农业技术培训才是最重要的公共服务，也是县农业干部的日常工作重点，已经不再仅仅局限于改革开放初期的基础农业设施投资（李强等，2006）。但对于农民而言，农民认为自己最了解、最满意的生产性公共服务是农作物病虫害防治。最需要的公共服务是种子监测和农作物病虫害防治。其次，对干部而言，了解比例较高的五项公共服务包括地膜覆盖技术、农作物病虫害防治、农机具管理、测土配方施肥（工程）、新品种栽培管理（或引进）和农资打假（两项服务的比例相

同,故都列出)。而满意比例较高的五项公共服务包括地膜覆盖技术、农作物病虫害防治、种子监测、农机具管理和新品种栽培管理(或引进)。对需求主体农民而言,供给比例较高的五项公共服务是新品种栽培管理(或引进)、农业灾害评估、种子监测、地膜覆盖技术、农业技术培训,满意程度较高五项公共服务是农机具管理、农业技术培训、测土配方施肥(工程)、新品种栽培管理(或引进)、农业基础设施建设。最后,对干部而言,需要排序较高的公共服务是农产品产供销、农业基础设施建设、新品种栽培管理(或引进)、农作物病虫害防治。对农民而言,需求程度较高的公共服务是种子监测、农药监测、新品种栽培管理(或引进)和化肥监测。所以,笔者基本上可以得出,供给主体干部和需求主体农民对公共服务的供给、满意和需求的认知是不同的,可以推断本书提出的假设一和假设二是正确的。

表5.13 农民和县农业干部对公共服务供求的认知差异(单位:%)

农业干部提供的服务	农民对农业干部提供公共服务的认知			农业干部估计农民对公共服务的认知		
	供给比例①	满意比例②	需求比例③	了解比例	满意比例	需求排序
农产品供销	12	94	82	78	85	2
农药监测	18	95	91	82	89	9
种子监测	25	93	92	84	93	7
化肥监测	16	94	90	78	86	12
饲料监测	15	94	85	74	86	14
测土配方施肥(工程)	12	96	80	88	90	10
农作物病虫害防治	41	95	91	92	93	5
农业灾害评估	25	92	87	68	82	13
地膜覆盖技术	20	95	69	96	97	11
新品种栽培管理(或引进)	25	96	90	87	92	4
农机具管理	11	97	71	88	93	8
农业技术培训(生产性培训)	20	96	88	95	94	1
农业基础设施建设④	17	96	83	85	88	3
农资打假	17	91	88	87	88	6

注:①县农业干部有没有提供以下服务(1=有,2=没有,99=不知道)②若县农业干部提供此项服务,您是否满意提供的以下服务?(1=完全不满意,2=不太满意,3=无所谓,4=比较满意,5=非常满意)。为了分析的便利,笔者将完全不满意和不太满意,合并为不满意;将比较满意和非常满意合并为满意。③您对以下服务的需求程度?(1=非常不需要,2=不太需要,3=无所谓,4=比较需要,5=非常需要)。为了分析的便利,笔者将完全不需要和不太需要,合并为不需要;将比较需要和非常需要合并为需要。④此处的农业基础设施建设,是从农民视角开展的调查,将基础设施分成特色产业基础设施建设、修梯田、灌溉设施维护和排水维护,但本表格简单处理为特色农产品生产基地建设,与县农业干部提供的农业基础设施建设进行对比

所以，单独从农业技术培训视角分析，农业干部估计农民的公共服务需求和农民自身的公共服务需求之间存在较大差异。根据社会认知理论和马克思主义认识论，认知是由其自身的个人特征和环境、经历引起的。所以，对于干部而言，这可能是由县农业干部的个人特征和工作经验以及干部走访农村的情况之间的差异引起的。对于农民而言，这可能是由农民的个人特征、参与意愿以及对政府政策和消息的关注程度引起的。但由于数据选取和干部的工作实践的问题，本书无法对每一项公共服务进行考察，仅仅能分析干部认为农民最需要的服务是农业技术培训的认知一致性情况和农民满意度的影响因素。对于干部走访农村和农民对政府公共服务信息的关注程度，本书采用2012年各级政府开展的群众路线活动作为基础开展研究，一方面是干部到村和干部"三同"，另一方面是农民观察到的干部到村和干部"三同"。

从上述来看，笔者很难判断农业干部和农民之间的公共服务的总体供给和总体需求的差距。这是由农民对农业干部提供的公共服务的了解程度偏低导致的（表5.13），大多数服务的了解程度介于10%~25%。农民在了解县农业干部提供的公共服务的基础上，其满意程度和需要程度都较高。那么，农民的了解程度主要与农民对民生新闻等政府信息的关注程度有关，还与县农业干部是否真正走访农村去了解农民的现状有关。因此，对于农业干部，在提升公共服务的供给效率的情况下，也应该为农民提供沟通或信息渠道去了解农业干部提供的公共服务。农民作为弱势群体，限于教育程度和交通状况等因素，基层干部应该通过群众路线的方式，更多地去了解农民的需求和满意程度，从而更好地为农民提供公共服务。

第六节 本章小结

通过本章的分析，本书发现样本县的绝大多数农业干部提供的主要公共服务是农业技术培训，也是绝大多数农业干部认为农民最了解、最满意和最需要的公共服务。同时，样本县农民认为自己最了解、最满意和最需要的公共服务是农作物病虫害防治。但农民最满意和最不满意的公共服务之间出现很多重叠，也代表着不同的农民对公共服务所持态度存在较大的差异。在之后的章节，笔者为了分析的方便，不再单独考虑每一项公共服务，而是探讨整体公共服务满意度。由于干部和农民对于群众路线实施的认知和观察不同，所以在接下来的第六章，从干部和农民视角探讨农村生产性公共服务供求信息传导路径——群众路线的实施路径的差异和影响因素。在第七章将继续详细探讨群众路线的实施绩效——县农业干部认知一致与农民满意度的现状和影响因素。

第六章　群众路线实施路径的测量研究

我国各地因自身经济和社会发展的差异，常常会在执行中央政策时，存在一些差异（O'Brien and Li，1999；谭秋成，2008）。群众路线作为国家统一倡导在基层政府开展的一项活动也不例外，各地的实施情况存在差异（宋杉歧，1999）。所以各省市县实施群众路线的政策过程不同，如出现了"联村联户""连心工程""三问三解"等活动，所以不同县农业干部之间的群众路线的实施进程不同，这为本书研究农村生产性公共服务供求信息传导路径提供了机会。

由于 2012 年陕西省群众路线活动的主要形式是"连心工程"和"三问三解"活动，但本质上都是通过干部联村和联户以及到村拜访的形式开展"连心工程"和"三问三解"活动。调查结果显示，不同的县农业干部联村的情况表现出非常显著的差异（图 6.1）。具体来讲，总样本中约有 77%的县农业干部都有联村活动；其中，第 1 个样本县的干部实施联村活动的比例最少，仅占该县总样本的 40%；其他 5 县的县农业干部联村的比例均在 70%以上，变化范围为 10%~30%（图 6.1）。对于同一个县的农业干部，可能由于工作职责的差异，联系的村庄个数之间也表现出较大的差异，第 1 个样本县仅有 5%的干部联系 1 个村，但有 26%的干部负责联系 2 个村，而对于其余 5 个样本县均有 50%左右的干部负责联系 1 个村，而仅有 10%~20%的干部负责联系 2 个村。

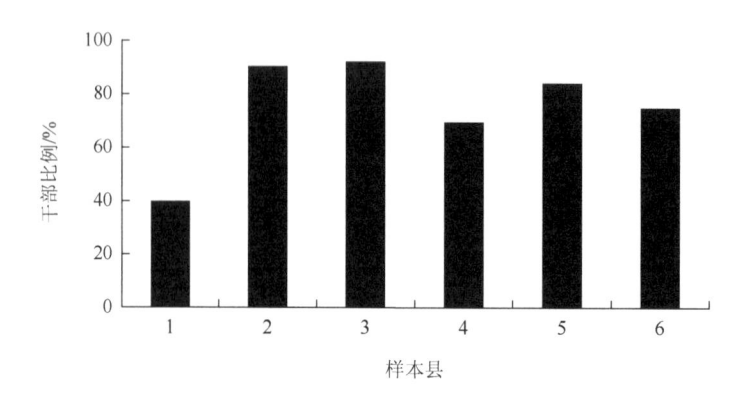

图 6.1　6 个样本县的农业干部联村的实施情况

联村和联户是干部到村庄开展群众路线活动，并帮助农民解决生活中存在的问题的具体方式，其最终目标是要与群众联系，了解群众的需求，所以如果干部没有到村，没有与农民之间的互动，甚至没有一起吃饭、一起居住、一起劳动，就无法了解群众的需求。本章在描述分析中，将联村联户的实施路径细化为到村和"三同"。具体的测量视角包括干部到农村实施群众路线活动（即干部到村和"三同"情况）和村民对干部实施群众路线的认知或观察情况（村民对干部到村和"三同"情况的观察）。

接下来，本章主要分五部分对生产性公共服务供求信息传导路径——群众路线进行测量，并开展实证分析。首先，通过供给者的视角，采用152名县农业干部的数据描述了供给主体——干部获得供给信息的传导路径，即实地实施和新闻宣传两种路径的现状，以及在实地实施路径下各样本县之间的差异。其次，通过供给者的视角，采用541名农户的数据，描述了需求主体——农民对干部获得需求信息的传导路径，即实地实践观察和新闻获取的现状，以及在每条路径下各样本县农民之间的观察差异。再次，采用供给主体——县农业干部的数据，用计量经济模型分析干部的个人特征和工作经验是否会影响其供给信息传导路径（也就是实地实施群众路线的情况）。然后，采用需求主体——农民的数据，用计量经济模型分析农民的个人特征和参与政策的行为是否会影响其对干部实施群众路线的观察。最后，比较在供求信息传导路径（实地实践）下，供给信息传导路径——干部实施和需求信息传导路径以及农民观察两种视角下的路径差异，并分析了差异背后的可能原因。

第一节　群众路线实施路径的现状——服务供给主体实践

一、供给主体实践群众路线的方式Ⅰ——实地实践

（一）干部到村

样本干部到村的情况分为没有去过、去过1~5次和去过6次及以上，所占的比例分别为4%、21%和75%（图6.2），所以干部在2012年到过村庄的比例较高，其中到过村庄6次及以上的干部占到了3/4。也就是说，3/4的干部在一年内平均两个月能到村庄一次。

由于各县实施群众路线的差异，笔者对各县的差异进行了比较，发现他们的实施路径——干部到村不存在显著差异（$p = 0.614 > 0.1$，图6.3）。其中，样本县3和样本县4的干部全部到过村庄，样本5县和样本6县的干部未到过村庄的比例不高于5%，样本县1和样本县2的干部未到过村庄的比例最高，约为10%。

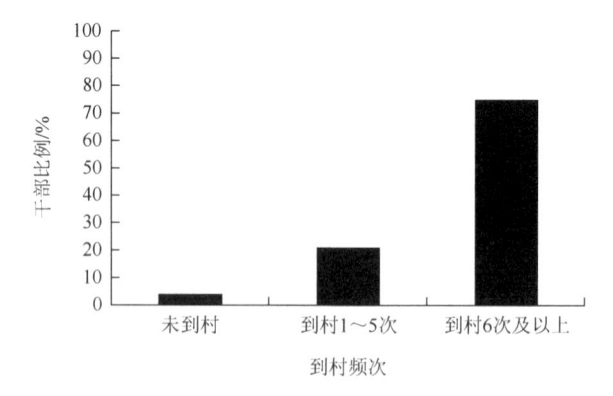

图 6.2 干部群众路线实施路径——干部到村

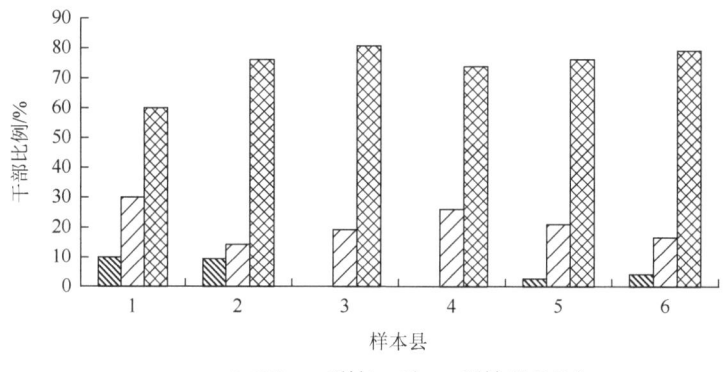

图 6.3 各县干部群众路线实施路径——干部到村的差异

(二) 干部"三同"

1. 干部"三同"的现状

干部"三同"是干部到村后,为进一步了解农民的需求而采取的行动。根据数据调查的结果,干部实施群众路线的路径——"三同"的结果是,干部没有开展"三同"中任一活动的干部比例只有 7.9%,"一同"和"二同"的干部比例均是25%左右,"三同"的比例是41.4%(图6.4)。其中,本书在分析"三同"时,需要特别注意的是:无"三同"表示干部2012年没有因处理农业与农民问题在村庄同吃、同住和同劳动。"一同"表示干部在村庄"三同"中有一同,即"同吃"或"同住"或"同劳动"。"二同"表示干部在村庄"三同"中有两同,即"同吃、同住""同吃、同劳动"或"同住、同劳动","三同"表示干部在村庄有全部三个"三同"活动。

第六章 群众路线实施路径的测量研究

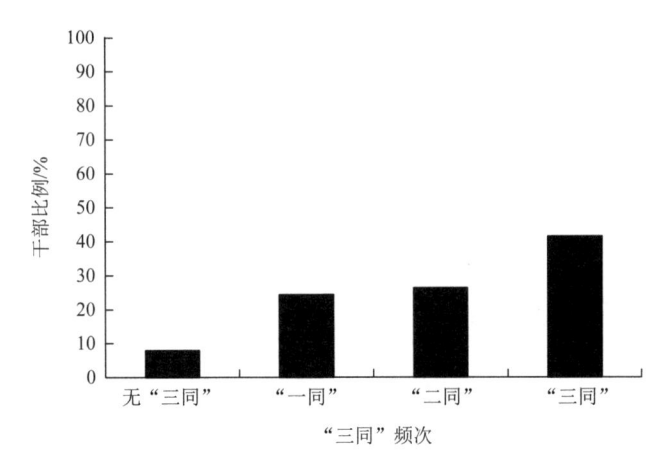

图6.4 干部群众路线实施路径——干部"三同"

在各县干部的群众路线实施路径的对比分析过程中，发现他们之间存在显著的差异（$p = 0.00 < 0.01$），但在上一节对干部到村的实施路径的分析中，他们之间不存在显著的差异。这也为更进一步分析干部群众路线实施路径的差异提供了更好的机会。具体而言，与上一节相同的是，样本县3和样本县4仍旧是干部"三同"比例较高，均达到了一半以上；而样本县1和样本县6的"一同"比例较高，也达到了一半以上（图6.5）。

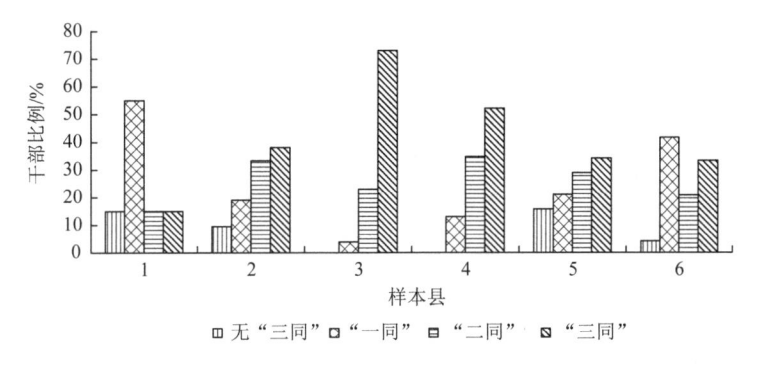

图6.5 各县干部群众路线实施路径——干部"三同"的差异

2. 干部"三同"间的相互影响

从工作实践的视角出发，干部实施群众路线时，如果采取"三同"的具体方式，"三同"的行为之间会有非常强的相关性，所以笔者对三者进行了分析。结果显示，"三同"行为间高度相关，p值均小于0.05（表6.1）。在计量模型分析中，本节必须考虑"三同"间的相互影响作用。

表 6.1 "三同"间的相关关系

协变量	皮尔逊卡方验值	p 值
同吃×同住	28.98	0.000
同住×同劳动	12.26	0.000
同吃×同劳动	5.41	0.020

二、供给主体实践群众路线的方式Ⅱ——新闻宣传

基层政府作为主要提供公共服务的供给者,是实地实施政策的执行者。新闻宣传是政府政策和服务信息传递的主要途径。有研究表明农民获取信息的主要途径是电视以及与当地农民和村干部之间的沟通和交流。政府政策的新闻宣传经常在电视上播放,所以成为农民获取政策信息的主要途径(Petty and Cacioppo,1990;金衡等,2017)。但对于政府供给公共服务的新闻宣传工作不常见,所以导致第五章中农民对政府提供公共服务的信息的了解程度低也是可以解释的。同时由于农民对电视新闻的观看情况存在差异,所以供给信息的获取还取决于农民对新闻是否观看的情况,本书将在群众路线实施路径——需求主体观察部分中进行解释。

第二节 群众路线实施路径的现状——服务需求主体观察

县农业干部到过村庄和开展"三同"活动是县农业干部实施群众路线的充分条件。也就是说,县农业干部必须深入农村,才能访谈村民、关心农民需求,以此达到群众工作的目的。而对于农民而言,他们能真实感受到干部对其农民群体的关心,必然需要看到干部到过村庄或有"三同"行为,他们才会产生对干部的信任,最终对干部提供的公共服务满意。所以,在调查中,本节从农民视角调查了农民观察到的干部到村和干部"三同"的情况。

一、需求主体观察群众路线的方式Ⅰ——实地实践观察

(一)干部到村观察

总体而言,样本县的农民对于县农业干部到达村庄的观察情况,要显著低于县农业干部自述的到村情况。具体而言,农民认为县农业干部到过村庄的比例约为20%,其中,认为干部到过6次及以上的农民仅占1.7%,到过1~5次的比例为18.5%(图6.6)。所以,在农民眼中,干部到村的情况比例较低,其背后的原

因可能有两个层面,一是干部层面,二是农民层面。从干部层面来讲,一方面是干部根本没有到村庄,另一方面是干部到了村庄,但仅仅是去了干部家,或者只去了他负责工作的地方,但没有做好宣传,或者到村庄的时间很短,只向几个农民询问了情况,就离开了村庄,导致农民对其的到访不了解,这也是可能的。但是此种办法导致干部无法真正地了解农民想要且需要的公共服务。从农民层面来看,主要是农民由于自身的教育和观念,只忙于自己的事情,对干部及其工作并不关注。

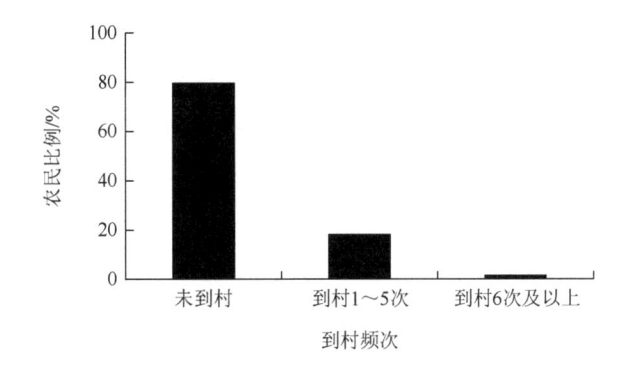

图6.6 农民对干部群众路线实施路径——干部到村的观察

不同县的农民对县农业干部到过村庄的观察也不相同。总体而言,所有样本县到村的比例都不超过35%。其中,样本县3、样本县4和样本县6的农民认为干部到过村庄的比例较高,均在20%以上,其中样本县3的农民比例最高,达到32%;样本县1、样本县2和样本县5认为干部到过村庄的农民比例较低,约为15%。样本县1的农民比例最低,为13%,且到村的次数均在6次之内,说明样本县1的干部较其他样本县而言,干部较少到村了解农民的情况(图6.7)。

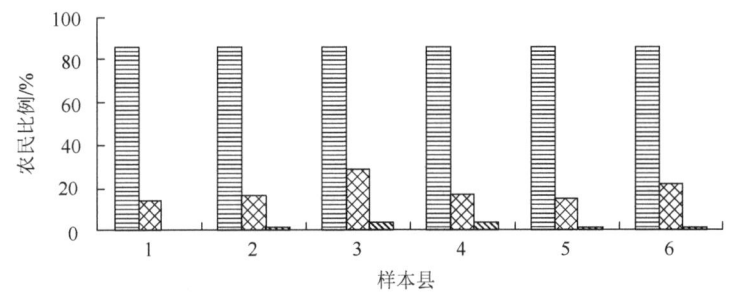

图6.7 各县农民对干部群众路线实施路径——干部"三同"观察的差异

(二)干部"三同"观察

从总样本来看,绝大多数农民认为干部没有"三同"行为,仅有不足1%的干部在调查年份有"三同"行为。认为干部有"三同"行为中的任何一种行为的农民比例约为10%(图6.8)。这里的无"三同"是指农民没有观察到干部在村庄因处理农业与农民问题在村庄"同吃"、"同住"和"同劳动"。"一同"表示农民观察到干部在村庄"三同"中有一同,即"同吃"或"同住"或"同劳动"。"二同"表示农民观察到干部在村庄"三同"中有两同,即"同吃、同住""同吃、同劳动"或"同住、同劳动","三同"表示农民观察到干部在村庄"三同"活动均有。

干部"三同"和农民对干部"三同"的观察之间的巨大差异,其背后的原因可能有两种情况,一种是干部确实没有到过村庄,导致农民没有看到干部的身影,一种是干部到过村庄,可能因为农民自身不关心这些事情,也可能是干部宣传不到位,致使农民不了解。

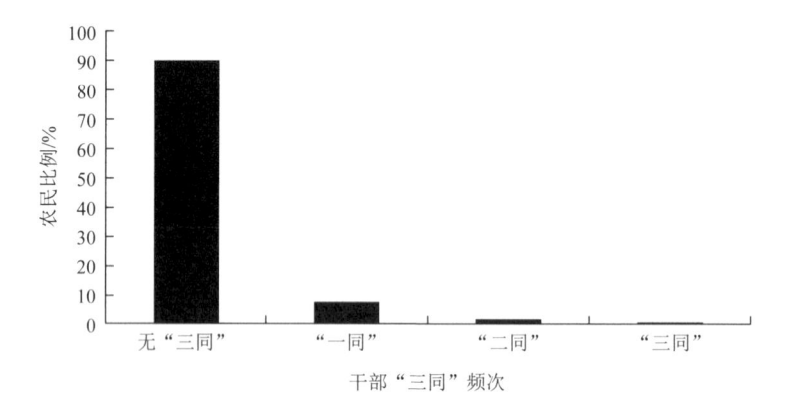

图6.8 农民对干部群众路线实施路径——干部"三同"的观察

图6.9显示,各县农民对干部群众路线实施路径的观察之间存在显著差异(p为0.02,小于0.05)。其中,仅有样本县4和样本县6有"三同"行为,其余县均没有。样本县3的干部没有"三同"行为的比例最低,约为85%,另外,样本县4、样本县5和样本县6均相差不多,均为90%左右。

二、需求主体观察群众路线的方式Ⅱ——新闻获取

农民作为公共服务的需求者,其需求信息向上传递的途径只能通过与政府干

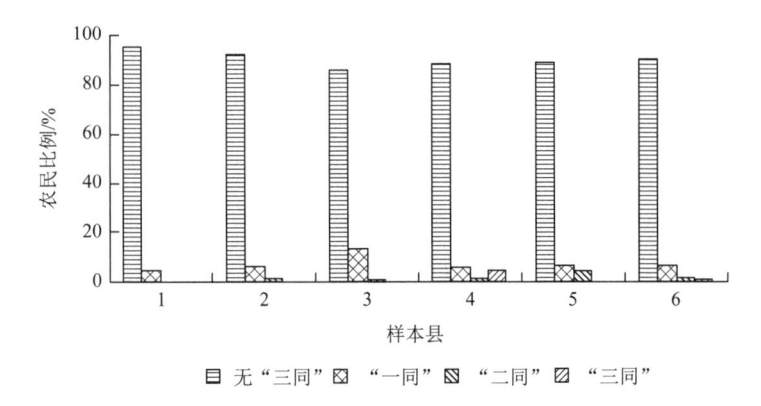

图 6.9　各县农民对干部群众路线实施路径——干部"三同"的观察

部的沟通和交流，以及新闻对其公共服务需求的报道。但目前较少有新闻是对于农民公共服务需求现状的报道，只有一些学者开展了对农村公共服务需求的调查，但这些研究的阅读对象却鲜少是农村的基层干部。

对于农民而言，新闻宣传是获得供给政策信息的主要途径，但对于农民而言，其新闻获取的情况在很大程度上影响着其将自己的需求信息向上传递的情况。所以本节简单描述农民新闻获取的现状，结果发现仅有27%的农民通过观看新闻获取相关公共服务政策的信息（图6.10）。

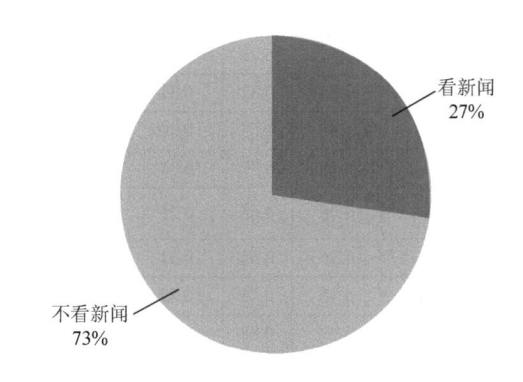

图 6.10　农民需求信息传导路径——新闻获取的现状

第三节　群众路线实施路径——服务供给主体实践的影响因素分析

通过对干部到村和"三同"的简单现状进行分析，笔者发现不同的干部到村和"三同"的情况不同，所以本节分析干部个人特征对其实施群众路线路径的影响。

一、描述统计

通过对干部的性别、年龄、党员身份、教育程度、乡镇工作经验、农业部门工作年限六个方面的特征对其群众路线实施的影响的研究，笔者发现，对于不同的群众路线实施路径，干部个人特征的影响也有差异（表 6.2）。此外，调查组还专门探讨了与民同吃和与民同住与同吃、同住的差异，且差异较大。与民同吃和同住的比例显著低于同吃和同住的比例。这也表明绝大多数干部到村也仅仅是到村干部家同吃和同住。

表 6.2 干部的个人特征对其群众路线实施的描述统计分析

变量		人数/人	百分比/%	到村/%	同吃	与民同吃	同住	与民同住	同劳动	"三同"
性别	男	96	63.16	5.60	0.76	0.28	0.52	0.16	0.84	2.12
	女	56	36.84	4.60	0.71	0.36	0.39	0.29	0.71	1.82
年龄	20~29 岁	12	7.89	5.00	0.66	0.17	0.42	0.17	0.58	1.67
	30~39 岁	49	32.24	5.16	0.65	0.31	0.35	0.14	0.76	1.78
	40~49 岁	70	46.05	5.16	0.79	0.29	0.56	0.23	0.83	2.17
	50 岁及以上	21	13.82	6.00	0.86	0.48	0.52	0.29	0.86	2.24
党员身份	是	93	62.2	5.49	0.77	0.34	0.48	0.23	0.83	2.09
	否	59	38.8	4.90	0.69	0.25	0.46	0.17	0.75	1.90
教育程度	高中/中专	14	9.2	4.57	0.71	0.29	0.5	0.29	0.71	1.93
	大专	84	55.3	5.24	0.82	0.32	0.51	0.20	0.83	2.17
	本科及以上	54	35.5	5.48	0.63	0.30	0.41	0.19	0.76	1.80
乡镇工作经验	是	99	65.1	5.41	0.79	0.34	0.51	0.20	0.81	2.10
	否	53	34.9	4.98	0.66	0.25	0.42	0.21	0.77	1.85
农业部门工作年限	10 年及以下	39	25.7	5.26	0.62	0.21	0.38	0.15	0.67	1.67
	10~19 年	62	40.8	5.15	0.73	0.32	0.44	0.19	0.85	2.02
	20~29 年	41	27.0	5.37	0.88	0.34	0.61	0.22	0.80	2.30
	30 年及以上	10	6.5	5.60	0.80	0.50	0.50	0.40	0.90	2.20

注：同吃，表示县农业干部与村干部和农民一起吃饭；与民同吃，表示干部与农民一起同吃，所以同吃包含与民同吃，但不等于与民同吃。同住，表示县农业干部与村干部和农民住在一起；与民同住，表示干部与农民住在一起，所以同住包含与民同住，但不等于与民同住

不同性别之间的干部到村情况不同，也就是男性干部显著高于女性干部（表 6.2）。干部的党员身份也会显著影响其到村的情况，党员到村的比例更高，也说明了党员干部对其他干部的带领作用。另外，干部的教育程度越高越能显著提高干部到村的情况。至于干部的年龄、乡镇工作经历和农业部门工作年限

并不会影响干部到村情况,但是仍表现出年龄越大、乡镇工作经历越丰富,干部到村的比例越高。

干部实施的"三同"行为受个人因素影响较少。仅仅干部的乡镇工作经历以及干部的农业经验会显著提高干部到村庄同吃的比例,这可能是由于长期的农村工作,村庄干部之间形成了良好的人际关系。但与民同吃的情况,与干部的乡镇工作经历和农业工作经验都没有关系。

二、构建计量模型

由于描述统计仅仅只能说明单因素的影响,无法排除其他因素的影响,所以笔者通过多元回归来证实。本节的主要因变量是干部群众路线实施的现状,包括到村、同吃、同住、同劳动以及"三同"。自变量是干部的个人特征和工作经验。其中,个人特征包括性别、年龄、教育程度、党员身份,工作经验包括干部农业部门工作年限、干部乡镇工作经验。

根据本书的假设,构建了以下模型:

$$\text{Visit}\_C_i = \alpha_j + \alpha_j C_i + \alpha_j \text{Work}\_a_i + \alpha_j \text{Town}_i + \varepsilon \quad (6.1)$$

$$\text{Eat}\_C_i = \beta_j + \beta_j C_i + \beta_j \text{Work}\_a_i + \beta_j \text{Town}_i + \varepsilon \quad (6.2)$$

$$\text{Live}\_C_i = \gamma_j + \gamma_j C_i + \gamma_j \text{Work}\_a_i + \gamma_j \text{Town}_i + \varepsilon \quad (6.3)$$

$$\text{Work}\_C_i = \delta_j + \delta_j C_i + \delta_j \text{Work}\_a_i + \delta_j \text{Town}_i + \varepsilon \quad (6.4)$$

$$\text{Three}\_C_i = \rho_j + \rho_j C_i + \rho_j \text{Work}\_a_i + \rho_j \text{Town}_i + \varepsilon \quad (6.5)$$

其中,Visit_C_i 表示第 i 个干部是否到村,是为 1,反之为 0;Eat_C_i 表示第 i 个干部是否同吃,是为 1,反之为 0;Live_C_i 表示第 i 个干部是否同住,是为 1,反之为 0;Work_C_i 表示第 i 个干部是否同劳动,是为 1,反之为 0;Three_C_i 表示第 i 个干部是否"三同",是为 1,反之为 0;Work_a_i 表示干部 i 的农业部门工作年限;Town$_i$ 表示干部 i 是否有乡镇工作经验,是为 1,反之为 0;C_i 是干部的个人特征,包括性别、年龄、教育程度、党员身份。其中,教育程度表示干部 i 的受教育水平,包括高中(或中专)、大专、本科及以上[1]。其中,当 $j = 0$ 时,$\alpha、\beta、r、\delta、\rho$ 表示常数项;当 $j \neq 0$ 时,$\alpha、\beta、r、\delta、\rho$ 表示系数;ε 表示标准误。

---

[1]所调查的样本干部中,仅有 1 个干部有研究生学历,所以笔者在进行描述统计和计量模型分析时,将其与本科学历合并为本科及以上学历。

三、计量模型分析

由于干部实施群众路线的行为可能与其自身的个人经验和特征有关,所以通过研究得到的结果说明干部到村的主要影响因素是干部的性别、是否是党员和教育程度,且都比较显著,分别为 $p<0.01$、$p<0.05$ 和 $p<0.1$(表6.3)。男性县农业干部到村的情况更多,平均而言,比女性干部到村的概率高出0.3个百分点。县农业干部如果是党员,其到村的概率平均而言会提高0.19个百分点。县农业干部的教育程度也会显著影响干部到村的情况。

表6.3 干部实施群众路线路径的影响因素分析

因变量	干部到村 模型(6.1)	干部同吃 模型(6.2)	干部同住 模型(6.3)	干部同劳动 模型(6.4)	干部"三同" 模型(6.5)
性别 (0=女,1=男)	0.309*** (0.090)	0.026 (0.073)	0.119 (0.087)	0.112 (0.072)	0.258 (0.159)
年龄	−0.0002 (0.008)	−0.003 (0.006)	0.005 (0.007)	0.001 (0.006)	0.003 (0.013)
党员身份 (0=否,1=是)	0.191** (0.091)	0.104 (0.073)	0.077 (0.087)	0.103 (0.072)	0.284* (0.159)
教育程度 (1=高中或中专,2=大专,3=本科及以上)	0.150* (0.078)	−0.075 (0.063)	−0.022 (0.076)	0.027 (0.062)	−0.070 (0.138)
农业部门 工作年限	0.00915 (0.006)	0.011** (0.005)	0.005 (0.006)	0.008 (0.005)	0.024** (0.011)
乡镇工作经验 (0=没有,1=有)	0.0846 (0.088)	0.084 (0.071)	0.000 (0.085)	−0.031 (0.070)	0.053 (0.155)
样本县2	0.119 (0.160)	0.391*** (0.130)	0.138 (0.155)	0.068 (0.127)	0.597** (0.282)
样本县3	0.358** (0.154)	0.559*** (0.125)	0.533*** (0.148)	0.343*** (0.122)	1.434*** (0.271)
样本县4	0.188 (0.153)	0.518*** (0.123)	0.228 (0.147)	0.226* (0.121)	0.972*** (0.269)
样本县5	0.247* (0.144)	0.323*** (0.117)	0.064 (0.139)	0.104 (0.114)	0.491* (0.254)
样本县6	0.170 (0.151)	0.414*** (0.122)	0.004 (0.145)	0.0243 (0.119)	0.442* (0.265)

续表

因变量	干部到村 模型（6.1）	干部同吃 模型（6.2）	干部同住 模型（6.3）	干部同劳动 模型（6.4）	干部"三同" 模型（6.5）
截距	0.674* (0.349)	0.365 (0.282)	−0.049 (0.336)	0.308 (0.276)	0.623 (0.614)
观测值	152	152	152	152	152
R^2	0.221	0.240	0.174	0.145	0.295

注：括号中为标准误

***$p<0.01$，**$p<0.05$，*$p<0.1$

对于干部"三同"而言，研究表明干部的党员身份能显著提高干部"三同"的可能性（$p<0.1$）（表6.3）。另外，干部的农业部门工作年限也会显著促进干部"三同"工作的开展（$p<0.05$）。其中，单独对同吃、同住、同劳动进行回归时，发现干部的个人特征不会影响干部同住和同劳动的可能性，但对于同吃而言，干部的农业部门工作年限越长，干部同吃的概率就越高（$p<0.05$）。

对于不同的县而言，在5个模型中，样本县3和样本县1之间都有显著的差异，这与描述统计基本一致。对于样本县2而言，其在同吃和"三同"行为上，与基准县——样本县1有显著差异。另外，在同吃上，5县均与基准县——样本县1都有显著差异，所以同吃对于不同县而言，可能会有很大的差异。

第四节 群众路线实施路径——服务需求主体观察的影响因素分析

一、描述统计

通过对干部实施和农民观察的群众路线实施路径差异的分析，笔者发现农民对群众路线实施路径的观察受农民个人因素的影响，所以本节采取描述性和实证性统计分析的方法分析可能影响农民观察的影响因素。由表6.4可得，农民观察的干部群众路线实施的影响因素主要是农民对新闻的观看行为和农民的个人教育程度。[①]也就是说，对于教育程度不同的农民，观察到的干部实施群众路线的情况显著不同。高中和小学文化程度的农民观察到干部开展同住、同劳动和"三同"的比例较高，而文盲和初中水平的农民观察到的比例较低。观看新闻对农民的观

---

① 因调查年限的限制，只考虑当时存在的影响因素。

察呈显著的正向作用，仅仅同住不显著。也就是说农民看新闻的概率越高，他观察到的干部实施群众路线的比例也会越高。

表 6.4 农民观察的群众路线实施路径与农民自身特征的关系

因变量		观测值/人	百分比/%	到村	同吃	同住	同劳动	干部"三同"
性别	男	313	57.9	0.21	0.04	0.02	0.06	0.15
	女	228	42.1	0.18	0.07	0.02	0.06	0.12
年龄	40 岁以下	78	14.4	0.14	0.07	0	0.04	0.11
	40~49 岁	178	32.9	0.18	0.06	0	0.06	0.12
	50~59 岁	173	32.0	0.19	0.06	0.03	0.07	0.16
	60 岁及以上	112	20.7	0.22	0.05	0.02	0.05	0.12
党员身份	是	62	11.5	0.21	0	0	0	0.05
	否	479	88.5	0.20	0.06	0.02	0.02	0.13
教育程度	文盲	66	12.2	0.26	0.08	0	0.02	0.09
	小学	193	35.7	0.20	0.05	0.04	0.07	0.15
	初中	209	38.6	0.17	0.06	0	0.04	0.10
	高中及以上	73	13.5	0.26	0.04	0.03	0.11	0.18
是否种地	是	480	88.7	0.20	0.05	0.01	0.05	0.12
	否	61	11.3	0.25	0.07	0.05	0.10	0.21
是否参与选举	是	399	73.8	0.23	0.07	0.02	0.07	0.16
	否	142	26.2	0.13	0.02	0.01	0.02	0.06
对村委会委员人数的认知正确	是	192	35.5	0.20	0.06	0.03	0.06	0.15
	否	349	64.5	0.20	0.05	0.01	0.05	0.12
观看新闻	是	393	72.6	0.23	0.07	0.02	0.07	0.16
	否	148	27.4	0.14	0.01	0.01	0.02	0.05

而其他农民个人的特征，如性别、年龄、党员身份、是否种地、是否参与选举和对村委会委员人数的认知正确与其观察到的群众路线实施路径仅仅有几个有显著的关系（表 6.4）。其中，女性农民观察到的干部同吃的比例高于男性农民 3 个百分点。非党员农民观察到干部同吃的比例要高出党员的 6 个百分点。非种地农民观察到的干部同住的比例要高出种地农民的 4 个百分点。参与选举的农民观察到干部到村和干部同吃的比例均高于未参与选举的农民，其中观察到干部到村的比例差额更大。农民对村委会委员人数的认知程度不会影响其对干部实施群众路线的路径。

尽管描述统计能帮助笔者分析农民个人特征对其观察的影响，但是其仍旧无法准确表达各因素对干部实施路径——农民观察的具体影响程度,所以笔者在接下来将构建计量经济模型,继续分析具体影响。

二、构建计量模型

基于上述描述分析,笔者仅仅考察了农民个人特征、认知和行为对其群众路线观察的影响,但无法确定总体的影响,所以本节构建了计量模型,来检验农民个人特征、认知和行为对其群众路线观察的影响。

本节构建了以下五个最小二乘法的计量模型:

$$\text{Visit}_i = \alpha_j + \alpha_j N_i + \alpha_j V_i + \alpha_j \text{VA}_i + U_i + \varepsilon_i \quad (6.6)$$

$$\text{Eat}_i = \beta_j + \beta_j N_i + \beta_j V_i + \beta_j \text{VA}_i + U_i + \varepsilon_i \quad (6.7)$$

$$\text{Live}_i = \gamma_j + \gamma_j N_i + \gamma_j V_i + \gamma_j \text{VA}_i + U_i + \varepsilon_i \quad (6.8)$$

$$\text{Work}_i = \delta_j + \delta_j N_i + \delta_j V_i + \delta_j \text{VA}_i + U_i + \varepsilon_i \quad (6.9)$$

$$\text{Three}_i = \rho_j + \rho_j N_i + \rho_j V_i + \rho_j \text{VA}_i + U_i + \varepsilon_i \quad (6.10)$$

其中,i 表示第 i 个农民。模型(6.6)~模型(6.10)分别用于评估农民个人特征、认知和行为对其观察群众路线实施路径的影响。模型(6.6)的被解释变量 Visit 表示农民对县农业干部到村行为的观察情况,模型(6.7)的被解释变量 Eat 表示农民对县农业干部在村庄同吃的观察情况,模型(6.8)的被解释变量 Live 表示农民对县农业干部在村庄同住的观察情况,模型(6.9)的被解释变量 Work 表示农民对县农业干部与农民同劳动的观察情况,模型(6.10)的被解释变量 Three 表示农民对县农业干部在村庄同吃、同住和同劳动的观察情况,但其变量不是二值虚拟变量,而是多值的非连续变量。其中,0 表示干部未参与任何一项"三同"活动,1 表示干部参与同吃、同住、同劳动的任何一项活动,2 表示干部参与同吃、同住、同劳动的任何两项活动,3 表示干部参与同吃、同住、同劳动的全部三项活动。

这五个模型的解释变量完全相同。N 表示模型中重要的解释变量,即农民对电视新闻中的民生节目的关注行为,它是一个二值虚拟变量,1 表示农民看电视新闻中的民生节目,0 表示村民不看电视新闻中的民生节目。此变量可以衡量农民对与群众路线相关的政策新闻的关注程度。

模型中的解释变量还包括测度农民的基本社会经济特征和农民关注村庄活动的行为与认知情况等控制变量,其中变量 V 是一组农民的基本社会经济特征的变量,具体包括农民的年龄、教育程度、党员或群众以及种地情况,VA 是一组农民关注村庄活动和行为的特征变量，包括农民对村委会组织的认知和农民参与选举的情况。其中，当 $j=0$ 时，α、β、r、δ、ρ 表示常数项；当 $j\neq 0$ 时，α、β、r、δ、ρ 表示模型的参数。U_i 表示非观测效应，由于地区间的政策执行差异主要源于县或区之间的制度或行政差异，这里笔者控制了县级非观测效应；ε 表示衡量其他不可观测的影响因素。最终，模型采用最小二乘法进行估计。

三、计量模型分析

通过表 6.4 可得，影响农民对干部到村观察的因素是农民的教育程度和农民是否看新闻，两者对农民的干部到村观察都是正向影响。笔者将在计量模型中再次对这些变量进行检验（表 6.5）。结果表明，农民的教育程度不会影响农民对群众路线实施路径的观察，但农民观看新闻将会显著提高农民对干部实施群众路线的观察情况（除同住外）。对于不同的群众路线实施路径，比如，农民观看新闻对其观察情况的影响程度不同，其中对"三同"的影响程度最高，其次是到村、同吃，最后是同劳动。另外，农民的选举行为也能显著提高农民的观察情况（除同住外），对于不同的群众路线，影响程度的大小与农民观看新闻相似。令人意外的是，农民的党员身份反而会阻碍其对干部同吃和"三同"路径的观察，其中对"三同"的影响程度更大。对于干部同住而言，仅有农民种地会显著降低农民的观察比例。

表 6.5 群众路线实施路径——农民观察的影响因素分析

因变量	干部到村 模型（6.6）	干部同吃 模型（6.7）	干部同住 模型（6.8）	干部同劳动 模型（6.9）	干部"三同" 模型（6.10）
性别（0=女，1=男）	0.002 (0.042)	−0.033 (0.021)	0.001 (0.013)	−0.007 (0.022)	−0.039 (0.042)
年龄	0.003 (0.002)	0.001 (0.001)	0.001 (0.006)	−0.001 (0.001 02)	−0.001 (0.002)
党员身份 （0=否，1=是）	−0.033 (0.063)	−0.061* (0.031)	−0.023 (0.019)	−0.026 (0.032)	−0.111* (0.062)
教育程度	0.001 (0.024)	−0.012 (0.012)	−0.004 (0.007)	0.011 (0.012)	−0.005 (0.024)
是否种地 （0=否，1=是）	−0.080 (0.063)	−0.013 (0.031)	−0.033* (0.019)	−0.042 (0.033)	−0.088 (0.063)

续表

因变量	干部到村 模型（6.6）	干部同吃 模型（6.7）	干部同住 模型（6.8）	干部同劳动 模型（6.9）	干部"三同" 模型（6.10）
是否参与选举 （0＝否，1＝是）	0.100** (0.048)	0.061** (0.024)	0.020 (0.014)	0.058** (0.025)	0.139*** (0.047)
对村委会委员人数的认知正确 （0＝否，1＝是）	−0.026 (0.043)	0.001 (0.022)	0.000 (0.013)	−0.006 (0.023)	−0.005 (0.043)
观看新闻 （0＝否，1＝是）	0.103** (0.044)	0.063*** (0.022)	0.009 (0.013)	0.048** (0.0233)	0.120*** (0.044)
样本县2	0.032 (0.068)	−0.021 (0.034)	−0.001 (0.021)	0.046 (0.035)	0.025 (0.068)
样本县3	0.181*** (0.070)	0.003 (0.035)	0.001 (0.021)	0.031 (0.036)	0.035 (0.069)
样本县4	0.108 (0.068)	0.060* (0.034)	0.057*** (0.020)	0.069* (0.035)	0.185*** (0.067)
样本县5	−4.45×10⁻⁵ (0.069)	0.046 (0.034)	0.018 (0.021)	0.020 (0.036)	0.084 (0.068)
样本县6	0.091 (0.070)	0.017 (0.035)	0.018 (0.021)	0.053 (0.036)	0.087 (0.069)
截距	−0.042 (0.135)	0.024 (0.067)	0.013 (0.041)	−0.003 (0.070)	0.034 (0.134)
观测值	541	541	541	541	541
R^2	0.049	0.051	0.032	0.036	0.053

注：括号内为标准误

***$p<0.01$，**$p<0.05$，*$p<0.1$

根据描述统计和计量模型分析可得，群众路线实施路径——农民观察主要受农民观看新闻和参与选举的行为的影响。一方面，农民观看新闻越多，就对新闻中关于干部实施群众路线的情况越了解，从而也会关注干部实施群众路线的情况。农民若参与选举的话，说明其愿意表达自己的想法，从而也会更多关注干部以及政府的行为。因此，在未来的政府管理过程中，尤其是村干部选举时，应该采取一些方法来增加农民参与选举的比例。另一方面，农民受限于自身文化程度，导致其对于新闻的关注程度不高，因此政府应该思考如何能够在现有水平上增加其对新闻的关注程度。

第五节 群众路线实施路径的服务供求比较分析

一、群众路线实施路径——实地实践的比较

（一）干部到村的比较

通过图6.2和图6.6的比较可以得出，农民对县农业干部实施群众路线的路径——干部实施的群众路线实施的情况与干部到村的农民观察相差很大。对于本书的总样本而言，两者之间约有75%的差距，且干部群众路线实施的比例非常高。这说明，干部实施和农民观察之间确实存在着很大的差异。如图6.11，在样本县3和样本县6的干部实施和农民观察之间的差异最小，但也有70%左右的差距；而样本县4和样本县5的干部实施和农民观察之间的差异高达80%。

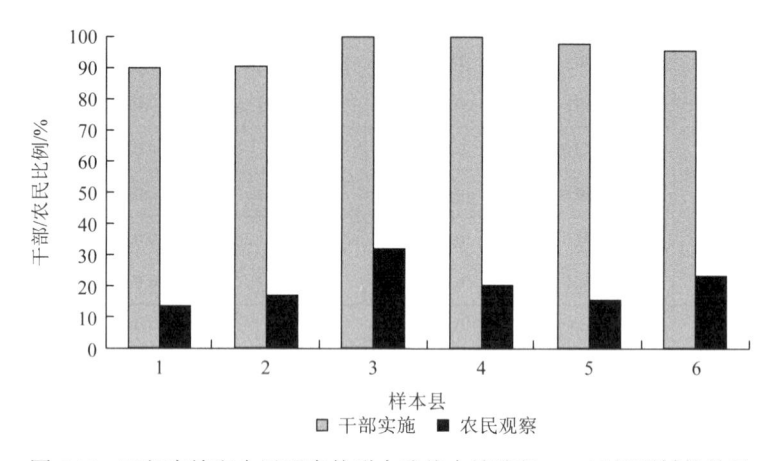

图6.11 干部实施和农民观察的群众路线实施路径——干部到村的差异

由图6.12发现，干部实施和农民观察的到村频次的差异主要集中在到村6次及以上的情况。相反，在到村1~5次的情况下，有些县的农村观察的干部到村的比例比干部实施的比例要高一些，如样本县2、样本县3和样本县6。总体而言，在到村1~5次的实施路径上，干部观察和农民实施之间差异较小。

（二）干部"三同"的比较

通过图6.5和图6.9的比较可以得出，农民对县农业干部实施群众路线的路径——干部实施的"三同"情况与干部"三同"的观察相差很大。对于本书的总

第六章 群众路线实施路径的测量研究

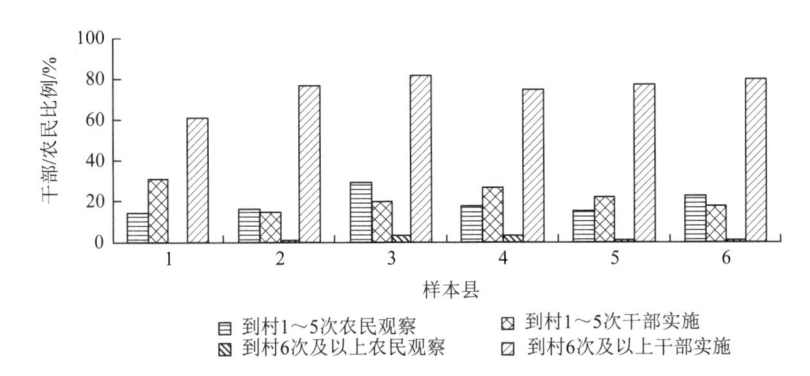

图 6.12 干部实施和农民观察的群众路线实施路径——干部到村频次的差异

样本而言，两者之间约有 80% 的差距，且干部自报的群众路线实施的情况非常高。说明，干部实施和农民观察之间确实存在很大的鸿沟。其中有两种可能，第一种是有些干部做了很多群众路线实施的工作，但农民不知道实际情况，可能是干部工作方法有问题。第二种是有些干部可能仅仅到村庄走了一圈，却没有和任何农民"零距离"接触，"面对面"交流，只是到村委会看看，导致农民确实没有看到干部做过"三同"。

通过调查可得，干部实施"三同"和农民观察的干部"三同"的情况在各县之间存在较小差异（图6.13），除样本县 5 外，绝大多数干部实施和农民观察的差异都在 80% 左右。因此，笔者需要对各县之间"一同"、"二同"和"三同"的差异进行详细分析，来监测各县之间是否存在很大的差异。

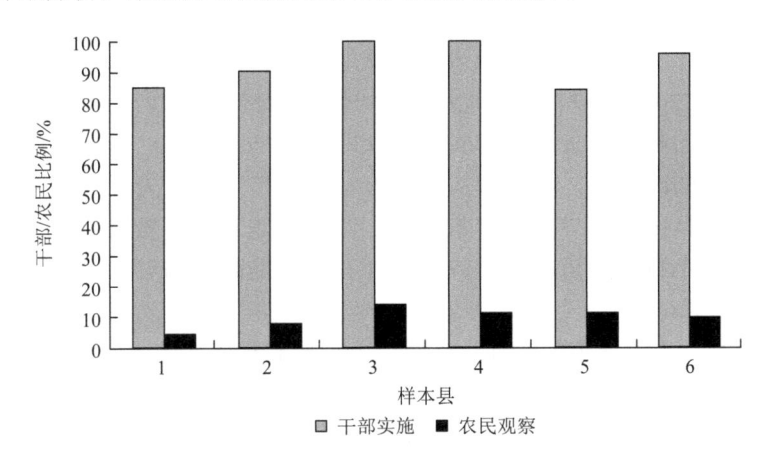

图 6.13 干部实施和农民观察的群众路线实施路径——干部"三同"的差异
干部"三同"包括"一同"、"二同"和"三同"之和

由图6.14发现，干部实施和农民观察的"三同"频次的差异主要集中在"三同"情况。相反，在干部"一同"的情况下，有些县农村观察的干部"一同"的

比例比干部实施的比例要高一些，如样本县3。总体而言，与"二同"和"三同"相比，在干部"一同"的实施路径上，干部观察和农民实施之间差异较小。

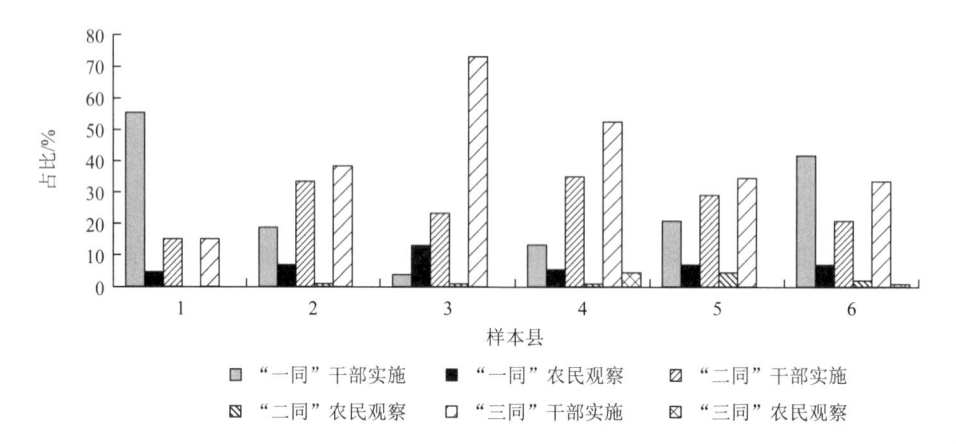

图6.14 干部实施和农民观察的群众路线实施路径——干部"三同"的具体差异
干部"一同"为"三同"中有一同；"二同"，为"三同"中有两同，"三同"为同吃、同住和同劳动

二、实施路径差异背后的原因

根据描述统计和计量模型分析的结果，笔者认为差异背后的主要原因是基层行政系统的工作方式，另外，也包括干部和农民个人自身的原因。

从干部所在的基层行政系统来看，在所调查的样本县中，农业干部和农民的最大比例约为1∶10 000，干部无法走访所有的村庄。同时，由于各县农民观察的群众路线的趋势与各县干部实施群众路线的趋势相同，那么可能干部实施和农民观察之间的差异，与干部实施的方法或宣传方式有关，所以干部和农民之间的公共政策信息传导机制非常重要，同时要建立干部随机选取到访样本村的机制，使每个村的到访概率相同，这样有利于提高农民对干部从事群众工作的了解程度。

在干部层面，第三节的实证分析发现，干部的党员身份、教育程度和性别会影响其做干部到村的行为，但干部的农业部门工作年限则会影响其实施干部"三同"的行为。所以，在今后的公共服务信息传导和群众路线实施路径中，不仅要推进党员的群众路线实施，而且要不断推进政府其他非党员从事群众工作。在农民层面，可能是农民不愿意参与政府或村委会的相关活动，同时也不愿意关注政府民生的一些新闻，所以导致农民对干部实施群众路线的关注度下降，对农村公共服务的供给也缺乏相应的了解。

第六节 本章小结

本章主要以群众路线的实践作为供给信息传导路径——实地实践视角和新闻宣传视角以及需求信息传导路径——实地实践观察视角的群众路线实施为例开展了生产性公共服务供求信息传导路径的实证分析。首先，对县农业干部的数据分析得到在实地实践群众路线的现状中，1/4 的干部到过村庄 6 次及以上，有同吃、同住和同劳动行为的干部有 40%左右。对于不同的样本县，干部实施群众路线的情况有较大差异，如样本县 3 和样本 4 的群众路线实施情况较好，全部干部都有到村行为，且"三同"比例均达到一半以上；而其他样本县，约有 10%～95%的干部有到村的行为，同时相应有"三同"行为的干部占到了 15%～40%。在干部开展供给信息传导过程中，到村的行为主要受其性别、教育程度和党员身份的影响，而"三同"行为主要受其农业部门工作年限和党员身份的影响。其次，对农民的数据分析得到仅有 20%左右的农民认为干部到过村庄，认为干部到过 6 次及以上的农民不到 2%，有 90%的农民认为干部没有同吃、同住和同劳动的"三同"行为，仅有 1%的农民认为干部有同吃、同住和同劳动的"三同"行为。对于不同的样本县，农民对干部实施的观察不同，如样本县 4 和样本县 6 的农民观察到干部有"三同"行为，但其他样本县的干部观察到干部没有"三同"行为。将农民获得需求信息的传导过程汇总，农民对干部实施群众路线路径的观察主要受其参与选举的行为和其观看新闻的情况的影响。如果农民参与选举，那么他对干部实施群众路线的观察比例将提高。如果农民观看新闻的比例提高，那么他对干部实施群众路线的观察比例也将提高。最后，通过对比干部实施和农民观察的现状，发现干部实施和农民观察之间存在很大的差异。可能的原因有两点：一是从干部的视角出发，认为绝大多数的干部都实施了群众路线，但群众却不了解也不知情。可能是干部实施群众路线的方法不对导致干部与群众之间的信息传导不畅通。二是从农民的视角出发，农民的教育程度偏低，且缺乏对民生新闻等的观看行为，导致其较少观察到干部实施群众路线。

第七章　群众路线助推服务供求的绩效评估

　　根据第五章的分析结果，笔者发现样本县的绝大多数农业干部提供的主要公共服务是农业技术培训，同时绝大多数干部认为农民最了解、最满意和最需要的农村生产性公共服务是农业技术培训，所以本节为了准确地评估绩效，将干部认为农民最需要的三项生产性公共服务中包含农业技术培训服务，作为干部视角的群众路线助推服务供求信息有效传导后的效果。对于农民而言，农民最了解、最需要和最满意的公共服务之间相差较大，所以，笔者选择综合的满意度作为农民视角的群众路线助推服务需求信息有效传导后的效果。下文将对选择这两个标准作为生产性公共服务信息有效传导的绩效的现状和影响因素进行详细描述。

　　具体来讲，本章主要分四部分来对生产性公共服务信息传导的绩效进行实证分析。首先，从县农业干部的视角，阐述了干部实施群众路线的绩效——干部认知一致的现状，以及各样本县之间干部认知一致的差异。其次，从农民的视角，阐述了农民观察干部实施群众路线的绩效——农民满意度的现状，以及各样本县之间农民满意度的差异。再次，从县农业干部的视角，用计量经济模型分析干部的群众路线实施路径对绩效的影响。最后，从农民的视角，用计量经济模型分析农民对干部群众路线实施路径的观察对其绩效的影响，同时还分析群众路线的宣传路径和实施路径对不同层级政府绩效的影响。在结合实证分析的基础上，进行相应的机理分析。

第一节　群众路线助推服务供给的认知绩效现状——服务供给主体视角

　　对于以干部实施群众路线为例的公共服务信息传导的绩效，本书主要以干部认知一致作为衡量指标，具体而言，干部认知一致是指干部认为农民最需要的三项公共服务之一是农业技术培训就认为干部具有认知一致性。接下来，笔者主要描述干部认知一致的现状和简单开展干部个人特征对干部认知一致的描述统计分析。

一、供给主体的服务供给认知一致的现状

　　对于干部而言，群众路线的最终目标是希望干部能够了解农民的需求和想法。

那么对于农民需要的服务而言，干部知道并能提供就是农民最大的心愿。为了追求更好的生活，部分农民背井离乡，到城市打工。但另外一部分较年长且无太多技术的农民则留在村庄，通过种地维持生活。对于那些留在农村的农民来讲，若他们仅简单种地，没有任何提高产量或效率的技术，他们的收入仍旧会保持原来的水平。样本的调查显示，农业补贴都是农民较满意的公共服务（表 5.9）。但对于县农业干部而言，补贴是无法长久给予的，但培训后的技术却可以让农民长期拥有，并能带来财富，所以如何授予其相应的先进技术并因地制宜地改进才是最应该给予农民的服务，也就是古人所说的"授人以鱼不如授人以渔"。在干部的实际访谈中也了解到（见第五章第二节），67%的县农业干部认为其主要承担的工作是农业培训，主要培训的技术包括大棚种植技术、地膜覆盖技术、农机具使用、新品种栽培、农作物病虫害防治技术等。所以，本书以干部认为农业培训是农民最需要的三项公共服务之一作为评价干部是否形成对农民需求认知一致的标准。尽管该评价标准不是很精确，但是能为本书研究的群众路线对干部的影响分析提供一个简单且行之有效的参考。

图 7.1 显示，县农业干部之间的认知一致的情况为 70%，认知不一致的情况为 30%，所以总的来讲，干部之间的认知达成了一致。但通过比较各县之间的干部认知一致性，笔者发现各县之间干部认知差异在 5%的水平下显著（$p = 0.02 < 0.05$），原因可能是各县的基本经济和社会发展情况不同。其中，样本县 1 的干部几乎对公共服务的需求达成统一的认知。但在样本县 2，50%以上都没有达成共同的认知。其他 4 个县基本接近 70%的干部达成共同的认知（图 7.2）。但这样的描述统计，笔者并不能证实各县对农民公共服务需求认知的异质性仅仅是由各县的差异引起的。因此，笔者将在下一节研究干部的个人特征对其认知一致的影响。

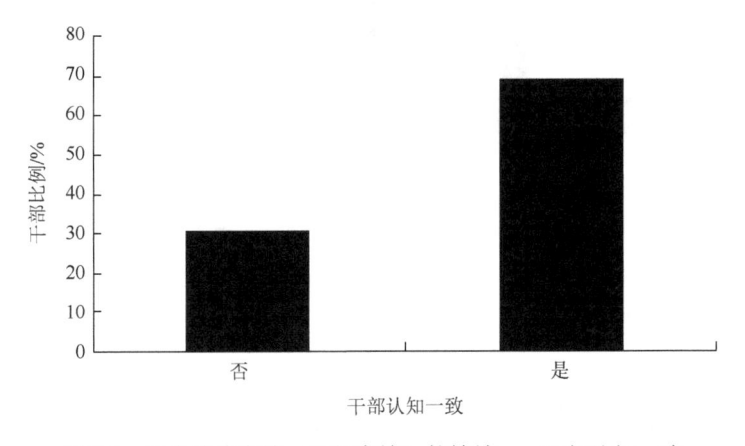

图 7.1 群众路线实施（干部实施）的绩效——干部认知一致

群众路线实施绩效干部认知一致是指干部认为农民最需要的公共服务是农业培训

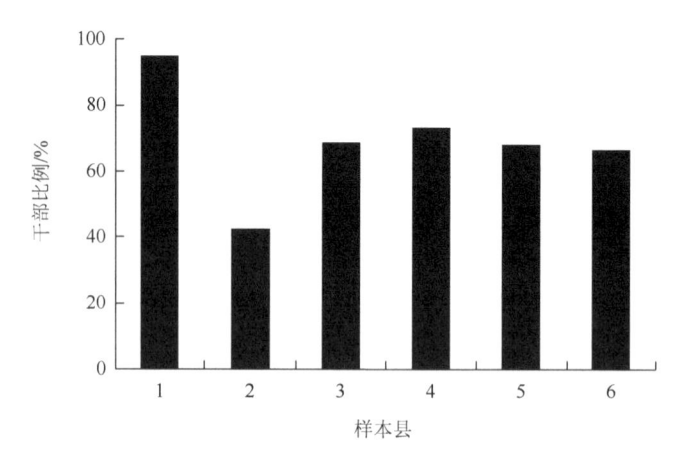

图 7.2 各县之间群众路线实施（干部实施）绩效——干部认知一致的差异

农民需求认知一致就是干部认为农民最需要的三项服务之一是农业培训，就认为干部对农民的需求认知达成一致

由于干部和农民之间的视角不同，笔者仅仅对干部和农民的认知差异做了简单比较。对比发现，对于绝大多数的县（除样本县 1 外）而言，需要农业培训服务的农民比例高于干部认为农民最需要的服务是农业培训的比例。各县间的差距分别在 10%～50%，其中样本县 3 的干部认知和农民认知的差距最小，仅为 5%左右，样本县 2 的干部认知和农民认知的差距最大，约为 60%（图 7.3）。

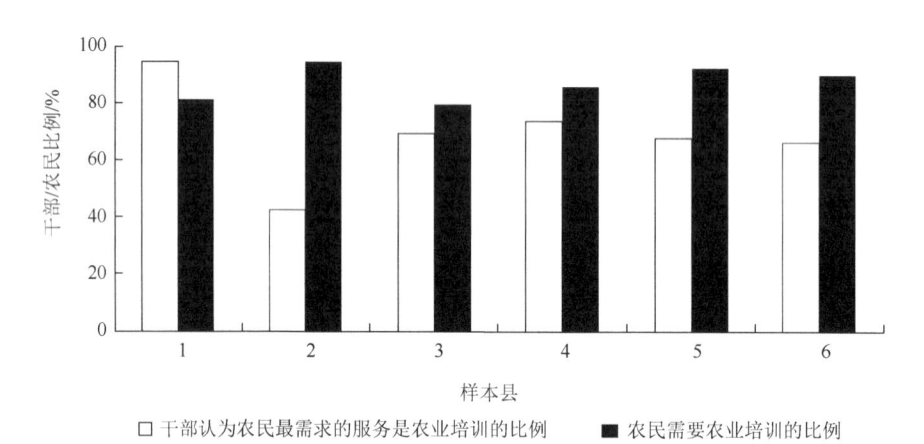

图 7.3 干部认知与农民认知间的差异——农业培训

图表中的干部认知是指干部认为农民最需要的三项公共服务中只要有一项是农业培训的比例，农民认知是指农民认为自己需要农业培训的比例

二、供给主体的服务供给认知一致的影响分析

干部的认知一致可能会受干部的经验等个人特征的影响，从而导致干部形成

不同的想法,所以笔者先用描述统计阐述干部个人特征对干部认知一致的影响。数据显示,69%的干部认为农民最需要的三项服务之一是农业培训。对于干部认知的差异,通过描述及相关分析得出,干部的个人特征(性别、党员身份、年龄和教育程度)和干部的工作经历(农业部门工作年限和是否有乡镇工作经验)都与干部认知一致性无关(表7.1)。所以,根据本书的样本可以推断干部认知一致性并不是由其干部个人的基本特征引起的。那么,干部如果实施群众路线,会改变他们的认知一致性吗?笔者将在第三节综合论证干部实施群众路线是否能够改变他们的服务供给的认知一致性。

表 7.1　干部基本特征对认知一致性的影响

干部特征	组别	观测值/人	干部认知一致	p 值
性别	女	56	0.63	0.18
	男	96	0.73	
党员身份	否	59	0.64	0.32
	是	93	0.72	
年龄	20~30 岁	12	0.83	0.55
	30~40 岁	49	0.63	
	40~50 岁	70	0.71	
	50 岁及以上	21	0.67	
教育程度	高中或中专	14	0.71	0.89
	大专	84	0.70	
	本科及以上	54	0.67	
农业部门工作年限	10 年以下	39	0.72	0.17
	10~20 年	62	0.68	
	20~30 年	41	0.76	
	30 年及以上	10	0.40	
乡镇工作经验	否	53	0.62	0.18
	是	99	0.73	

第二节　群众路线助推服务供给的满意绩效现状——服务需求主体视角

由于群众路线是各省市组织的一项行政活动,所以笔者向农民询问了他们对各级政府的满意情况,包括对村委会(村委会主任、村党支部书记等干部)、基层政府(县农业部门)和中央政府(处理民生问题)三个层面,本书集中讨论了农民对县农业干部的满意度,同时也比较了农民对村委会、基层政府和中央政府满意度的差异和影响因素。

一、需求主体对各级政府服务满意的现状

通过五级利克特量表测度[①]后(图 7.4)发现,60%的农民对中央政府非常满意,30%左右的农民对中央政府比较满意;30%左右的农民对基层政府非常满意,50%左右的农民对基层政府比较满意;45%左右的农民对村委会非常满意,40%左右的农民对村委会比较满意。总的来讲,需求主体——农民对各级政府的满意度存在差异,其中,农民对中央政府的满意度最高,其次是村委会组织,最低的是对基层政府的满意度。

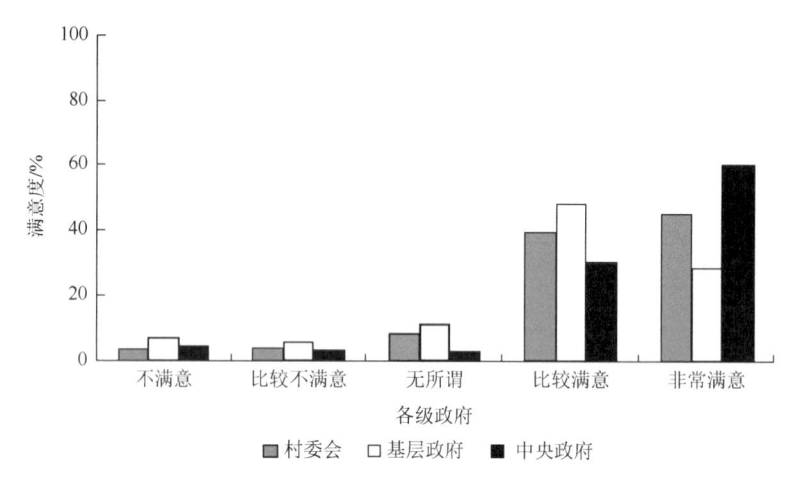

图 7.4 农民对各级政府提供的公共服务的满意度

村委会是农民对村委会主任提供服务的满意度,基层政府是农民对县农业干部提供公共服务的满意度,中央政府是农民对其处理重要民生问题的满意度

为了便于比较和分析,笔者将五级满意度量表划分为满意和不满意,数据表明农民对村委会、基层政府和中央政府的满意度均在 75%以上(图 7.5)。其中,对基层政府的满意度为 76%,对村委会的满意度为 85%,对中央政府的满

---

① 利克特量表是属评分加总式量表最常用的一种,该量表由一组陈述组成,每一陈述有非常满意、满意、不所谓、不满意、非常不满意五种回答,分别记为5、4、3、2、1。

意度为 90%。尽管三者之间的满意度相差不大，但与之前的差序政府信任（满意度）相比，它们之间的变化可能对分析我国满意度的变化存在一定的现实意义（肖唐镖，2010；肖唐镖和王欣，2010）。所以，本章的最后一节着重讨论各级政府满意度的差异。

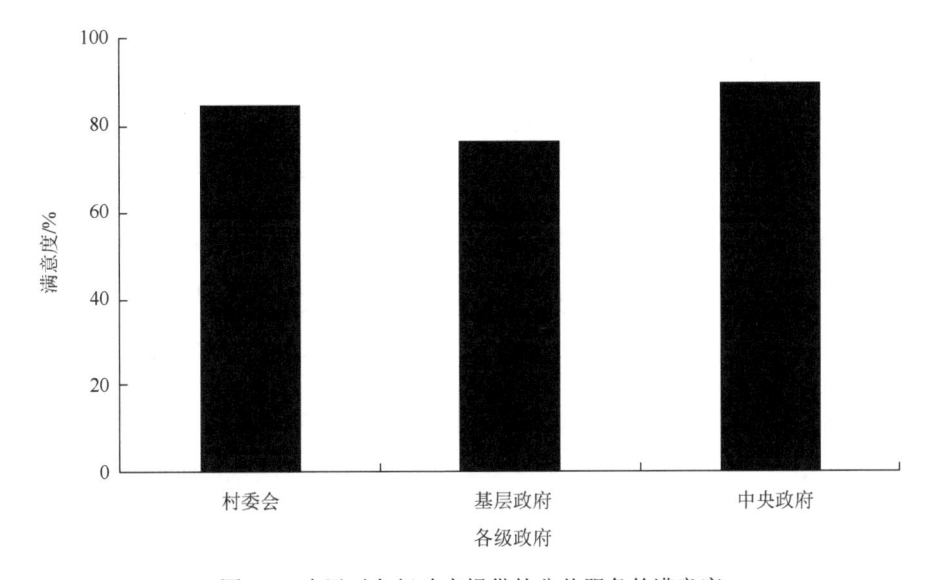

图 7.5 农民对各级政府提供的公共服务的满意度

通过比较各县之间的差异发现，各样本县的农民对各级行政干部的满意度与总样本的满意度形成相同的趋势，也呈现出"两边高，中间低"的现状——"三明治"状（表 7.2）。同时，数据结果显示各样本县之间农民对基层政府和中央政府的满意度之间存在显著差异（分别为 $p = 0.008 < 0.01$，$p = 0.068 < 0.1$），但对村干部的满意度之间没有显著差异（$p = 0.486$）。其中，农民对基层政府的满意度在各县之间存在的差异最大，最低的满意度为样本县 1，仅为 63.33%，而最高的为 84.44%，相差约 20 个百分点，另外样本县 2、样本县 3、样本县 4 和样本县 6 中有 80%以上的农民满意。

表 7.2 不同县的农民对各级政府提供服务的满意度的差异

各级政府	样本县 1	样本县 2	样本县 3	样本县 4	样本县 5	样本县 6	p 值
村委会	83.33%	84.44%	85.71%	88.89%	78.89%	87.78%	0.486
基层政府	63.33%	80.00%	80.22%	84.44%	71.11%	81.11%	0.008
中央政府	88.89%	83.33%	92.31%	96.67%	90.00%	86.67%	0.068

二、需求主体对各级政府需求服务满意的影响因素分析

在比较了各级政府满意度的差异和关系之后,笔者采用描述统计分析方法分析了作为需求主体——农民的个人特征及其行为对各级政府满意度的影响。调查数据显示,农民的个人特征在不同程度上显著影响政府满意度。男性对各级政府的满意度都较高,但仅仅中央政府的满意度显著存在差异,男性比女性高出10个百分点(表7.3)。不同年龄段的农民对各级政府的满意程度不同,其中仅仅对基层政府的满意度显著存在差异,50~59岁的人对基层政府的满意比例最高。农民的党员身份显著提高了农民对各级政府的满意度,说明党员身份会改善其对政府的满意情况。不同教育程度的农民对各级政府的满意度没有差异。农民若种地的话,会增加其对基层政府的满意度。但农民种地与否不会影响农民对村委会和中央政府的满意度。

表7.3 农民个人特征对满意度的影响

变量	组别	观测值/人	村民对各级政府的满意度		
			村委会	基层政府	中央政府
性别	男	313	0.85	0.78	0.94
	女	228	0.84	0.75	0.84
年龄	40岁以下	78	0.85	0.73	0.85
	40~49岁	178	0.87	0.70	0.90
	50~59岁	173	0.82	0.83	0.90
	60岁及以上	112	0.85	0.79	0.92
党员身份	是	62	0.95	0.89	0.97
	否	479	0.84	0.75	0.89
教育程度	文盲	66	0.86	0.79	0.82
	小学	193	0.82	0.74	0.91
	初中	209	0.87	0.78	0.90
	高中及以上	73	0.85	0.77	0.90
是否种地	是	480	0.85	0.78	0.90
	否	61	0.85	0.67	0.87
是否参与选举	是	399	0.86	0.79	0.90
	否	142	0.82	0.71	0.86

续表

变量	组别	观测值/人	村民对各级政府的满意度		
			村委会	基层政府	中央政府
对村委会委员人数的认知正确	是	192	0.88	0.82	0.93
	否	349	0.83	0.74	0.88
观看新闻	是	393	0.87	0.79	0.93
	否	148	0.80	0.72	0.81

资料来源：作者调查

农民的个人行为在较大程度上显著影响农民对各级政府的满意度。农民参加选举和他们对村委会的正确认知会提升其对各级政府的满意度，但其对基层政府的满意度提升的程度更高。农民观看新闻的行为也会显著影响其对各级政府的满意度。所以，总体来讲，农民的个人行为相比较个人特征，对各级政府的满意度影响较大。

第三节 群众路线对服务供给认知绩效的影响研究

一、描述统计

干部实施群众路线是否有助于形成干部认知达成一致呢？本节主要对此问题进行探讨研究。结果显示，群众路线的实施路径不会提高实施绩效——干部认知的一致性，也就是说到村、同吃、同住、同劳动或"三同"的群众路线实施路径不会提高干部认为农民最主要的需求是农业技术培训的比例。具体而言，由表7.4可知，群众路线实施路径与认知一致性的 p 值均大于0.1，所以两者之间没有关系。此结果与本书的假设是相悖的。本书的第四章中假设干部到村或同吃、同住、同劳动（"三同"）会增加干部与农民接触的时间和机会，所以干部应该对农民的需求形成统一的认识。但表7.4的结果仅仅是描述统计，接下来笔者通过回归分析进一步证实此假设是否成立。

表7.4 群众路线与认知一致性

	组别	观测值/人	认知一致性	p 值
到村	0次	6	0.66	
	1~5次	32	0.59	0.39
	6次及以上	114	0.72	

续表

组别		观测值/人	认知一致性	p 值
同吃	否	39	0.74	0.41
	是	113	0.67	
同住	否	80	0.68	0.92
	是	72	0.69	
同劳动	否	31	0.74	0.49
	是	121	0.68	
"三同"	无"三同"	12	0.75	0.85
	"一同"	37	0.73	
	"二同"	40	0.65	
	"三同"	63	0.68	

二、构建计量模型

由于描述统计只能说明单因素的影响，无法排除其他因素的影响，所以本节通过多元回归来证实。其中，主要自变量是干部是否实施群众路线，即是否到村、同吃、同住、同劳动和"三同"。其中，同吃、同住和同劳动是二元变量，0 表示干部没有同吃、同住或同劳动。而到村和"三同"为分类变量，其中，在"到村"变量中，0 表示干部没有到村行为，1 表示干部到村 1~5 次，2 表示干部到村 6 次及以上；在"三同"变量中，0 表示干部没有同吃、同住和同劳动三种行为，1 表示干部有同吃、同住和同劳动中的其中一种行为，2 表示干部有同吃、同住和同劳动中的两种行为，3 表示干部有同吃、同住和同劳动中的全部三种行为。

对于因变量，本书认为干部是否对农民公共服务形成统一认识是群众路线的目标，所以本节采用加权分类的方法，对干部认为农民最需要的服务进行处理，最后得到干部最需要的三项服务是农业技术培训、农产品产供销和农业基础设施建设。但农业技术培训所占的比重远远超过其他两项服务，且在最需要的服务中也是远远超过其他两项。在变量的结果确定时，只要干部在最需要的三项服务中提到农业技术培训，笔者就认为干部对农民所需的公共服务有统一的认识（等于 1）（即干部认为农民最需要的服务是农业技术培训，干部认知形成了一致），反之三项服务中没有一次提到农业技术培训，笔者就认为干部没有统一认识，为 0。

根据本书的假设，构建了以下模型：

$$Same_i = \alpha_j + \alpha_j Visit_i + \alpha_j Character_i + \alpha_j Work_i + County_i + \varepsilon \quad (7.1)$$

$$Same_i = \beta_j + \beta_j Co\_Eat_i + \beta_j Character_i + \beta_j Work_i + County_i + \varepsilon \quad (7.2)$$

$$Same_i = \gamma_j + \gamma_j Co\_Live_i + \gamma_j Character_i + \gamma_j Work_i + County_i + \varepsilon \quad (7.3)$$

$$Same_i = \rho_j + \rho_j Co\_Work_i + \rho_j Character_i + \rho_j Work_i + County_i + \varepsilon \quad (7.4)$$

$$Same_i = \varphi_j + \varphi_j Co\_Three_i + \varphi_j Character_i + \varphi_j Work_i + County_i + \varepsilon \quad (7.5)$$

其中，$Same_i$ 表示第 i 个干部是否与其他干部有相同的认知，是为 1，反之为 0；$Visit_i$ 表示第 i 个干部到村的频次，0 为从未到过村庄，1 为到过村庄 1~5 次，2 为到过村庄 6 次及以上；Co_Eat_i 表示第 i 个干部是否在村庄有过同吃的行为，1 为有过，反之为 0；Co_Live_i 表示第 i 个干部是否到村庄有过同住的行为，1 为有过，反之为 0。

Co_Work_i 表示第 i 个干部是否有与村民同劳动的行为，1 表示有，反之为 0。Co_Three_i 表示第 i 个干部是否有与村民同吃、同住和同劳动这三种行为，0 表示三种行为都没有，1 表示有任意一种行为，2 表示有任意两种行为，3 表示三种行为都有。这五种群众路线实施路径与实施绩效形成上述 5 个计量模型。

另外，$Character_i$ 表示第 i 个干部的个人特征，包括性别、年龄、党员身份和受教育水平。$Work_i$ 表示第 i 个干部的工作情况，包括干部的乡镇工作经验和农业部门工作年限。$County_i$ 表示县的虚拟变量。其中，当 $j=0$ 时，α、β、γ、ρ、φ 表示常数项；当 $j\neq 0$ 时，α、β、γ、ρ、φ 表示模型的参数；ε 表示标准误。

三、计量模型分析

根据构建的计量经济模型，本节进行多元回归分析后发现回归结果与描述统计的结果一致。数据显示，群众路线的实施无法提高供给认知绩效，也就是群众路线无法助推干部形成统一的农民需求认知。表 7.5 的结果显示，干部的任何形式的群众路线实施路径都与干部的认知一致无关。同时，干部的个人特征和工作情况也与群众路线的实施绩效——干部认知一致没有关系。但对于各样本县而言，干部的实施绩效之间存在显著差异，尤其是样本县 2 和样本县 6。这可能与中国基层政府的工作制度有关，具体地，基层政府的主要职务是行政职务，占到了工作人员 50%的时间，而不是为人民提供公共服务。在与干部定性访谈中，笔者也了解到他们在具体执行群众工作的过程中基本上都是到村里找个干部或农民聊聊天或沟通某件具体事情就完成了群众工作任务。

表 7.5　群众路线路径——干部实施对干部认知一致性的影响分析

因变量	干部认知一致 模型（7.1）	干部认知一致 模型（7.2）	干部认知一致 模型（7.3）	干部认知一致 模型（7.4）	干部认知一致 模型（7.5）
到村	0.072 (−0.078)				
同吃		−0.038 (−0.097)			
同住			0.007 (−0.081)		
同劳动				−0.087 (−0.099)	
"三同"					−0.024 (−0.045)
性别	0.044 (−0.087)	0.067 (−0.084)	0.065 (−0.084)	0.075 (−0.084)	0.072 (−0.085)
年龄	−0.0001 (−0.007)	-2.73×10^{-4} (−0.007)	−0.0002 (−0.007)	-4.29×10^{-5} (−0.007)	-7.96×10^{-5} (−0.007)
党员身份	0.087 (−0.085)	0.105 (−0.084)	0.100 (−0.084)	0.110 (−0.084)	0.108 (−0.085)
教育程度	−0.054 (−0.073)	−0.047 (−0.073)	−0.044 (−0.073)	−0.041 (−0.072)	−0.045 (−0.073)
乡镇工作经验	0.077 (−0.082)	0.086 (−0.082)	0.083 (−0.082)	0.080 (−0.082)	0.084 (−0.082)
农业部门工作年限	−0.003 (−0.006)	−0.001 (−0.006)	−0.002 (−0.006)	−0.001 (−0.006)	−0.001 (−0.006)
样本县 2	−0.521*** (−0.149)	−0.497*** (−0.153)	−0.513*** (−0.149)	−0.506*** (−0.148)	−0.498*** (−0.151)
样本县 3	−0.260* (−0.145)	−0.213 (−0.153)	−0.238 (−0.149)	−0.205 (−0.146)	−0.201 (−0.156)
样本县 4	−0.236* (−0.142)	−0.203 (−0.15)	−0.224 (−0.143)	−0.203 (−0.143)	−0.2 (−0.148)
样本县 5	−0.252* (−0.135)	−0.222 (−0.137)	−0.235* (−0.134)	−0.226* (−0.134)	−0.223 (−0.135)
样本县 6	−0.316** (−0.140)	−0.288** (−0.145)	−0.304** (−0.140)	−0.301** (−0.139)	−0.293** (−0.141)
截距	0.867***	0.930***	0.916***	0.942***	0.930***
观测值	152	152	152	152	152
R^2	0.12	0.115	0.115	0.119	0.116

***$p<0.01$，**$p<0.05$，*$p<0.1$

本书的假设六提出按照群众路线的理论，干部能够通过群众路线的实施获得对农民需求的更好认知，但是实地调查数据却表明联村并没有帮助干部提高对农民需求的认知。实际工作中，干部也进行了群众路线工作，那么为什么没有产生实际效果呢？原因可能是干部的工作方式无法了解全部农民的需求和干部目标考核中不包含提供公共服务的效果评价。由于干部在实际工作中，缺乏正式途径了解农民需求，所以干部只能通过直接观察和访谈来了解农民需求。通过对干部的定性访谈了解到干部在开展群众路线的实际活动时，大多数干部说他们通常去村干部家和几户村民家了解完他们的困难后活动就结束。在这样的工作过程中，因为没有采用随机抽样的方法了解农民的需求，故访谈的几户村民无法代表全部农民的需求，所以干部无法了解全村的实际需求。另外，由于干部的考核机制中没有包括提供公共服务有效性的指标，故公共服务是否迎合村民需求根本不是他们的工作目标。所以，此结论表明假设六是无法成立的，即干部到村和干部"三同"无法促进干部对农民需求的认知一致性。

第四节　群众路线对服务供给满意绩效的影响研究

根据假设七，当干部实施群众路线的工作时，也就是干部到村或"三同"，农民会看到干部关心农民的行为，所以他们对基层政府的满意度会随之提高，本节将验证假设七是否成立。本节具体分为描述统计、构建计量模型和计量模型分析三个部分。

一、描述统计

1. 到村与公共服务满意度的相关关系分析

对于农民而言，群众路线最重要的目标是能够帮助农民提高生活水平，从而提高农民对县农业干部提供的公共服务的满意度和对县政府的看法。按照假设三，群众路线能够提高农民对基层政府的满意度，此处的基层政府仅包括县农业干部。由于干部和群众之间缺乏信息的沟通来源，所以在农民眼中的群众路线就是农民实际观察到的干部实施的群众路线，也就是农民自己的"眼见为实"。

调查数据表明，农民对干部到村的观察越多，对干部的满意度越高，且不论农民对干部到村的观察情况如何，满意度均高于70%（图7.6）。其中，当农民认为干部到村次数6次及以上的时候，所有农民都对基层政府的公共服务满意。但各县认为干部到村的农民的满意度均高于不到村的农民满意度，各县的差距基本维持在10%~25%（图7.7）。其中，对于样本县2和样本县4，认为干部到过村庄的所有农民均对县农业干部满意。这说明，农民对干部满意度的来源都是相对简单的，只要农民看到干部到村庄办事，就会在一定程度上增加对基层干部甚至政府的满意

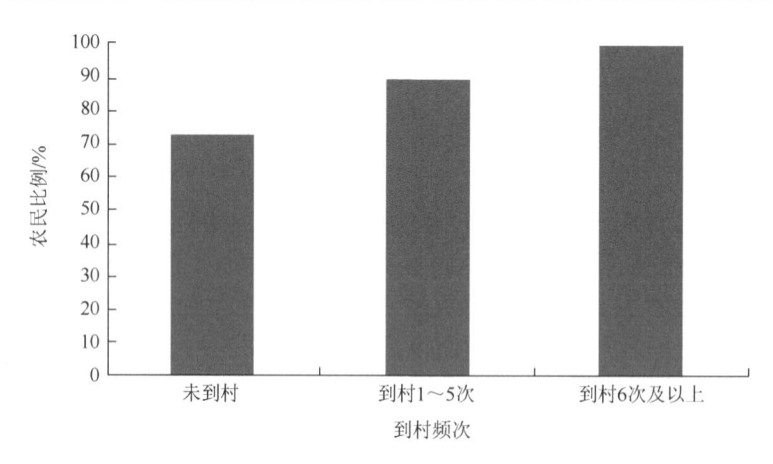

图 7.6 干部到村对公共服务满意度的影响

度。这也证实了笔者按照社会认知理论和马克思主义认识论得出的假设三是成立的。所以,笔者建议干部应加强对村庄的实地活动,并到村庄开展相应的走基层活动。通过这些活动,不断提高自己的认知能力,同时也改善农民对地方政府的印象。

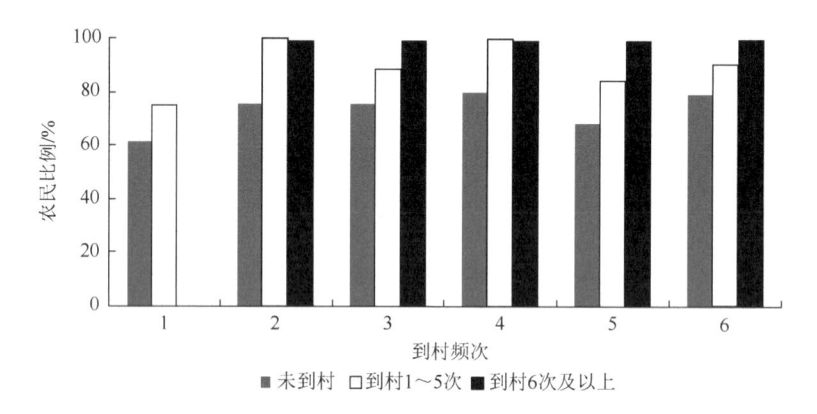

图 7.7 县农业干部是否到村考察对农民满意度的影响

2. "三同"与公共服务满意度的相关分析

在农民观察干部到村对基层政府满意度的基础上,笔者还分析了干部"三同"对满意度的影响,笔者发现随着三种行为的增加,农民满意程度也显著增加($p = 0.08 < 0.1$,图 7.8 和表 7.6)。同时,笔者也对各县之间满意度的差异进行了比较,整体趋势仍旧是随着行为的增加,满意度也在增加,但结果不显著。仅有样本县 6,未"三同"的农民的满意度高于有任何"一同"行为的满意度(图 7.9)。此外,结果表明仅仅样本县 4 和样本县 6 有农民认为干部有"三同"行为,样本县 1 的农民认为干部无"二同"及"三同"行为。

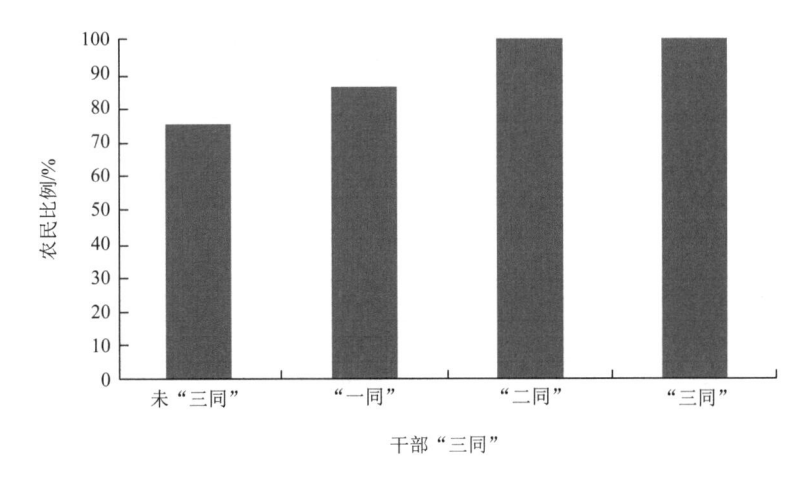

图 7.8　群众路线实施——干部"三同"对公共服务满意度的影响

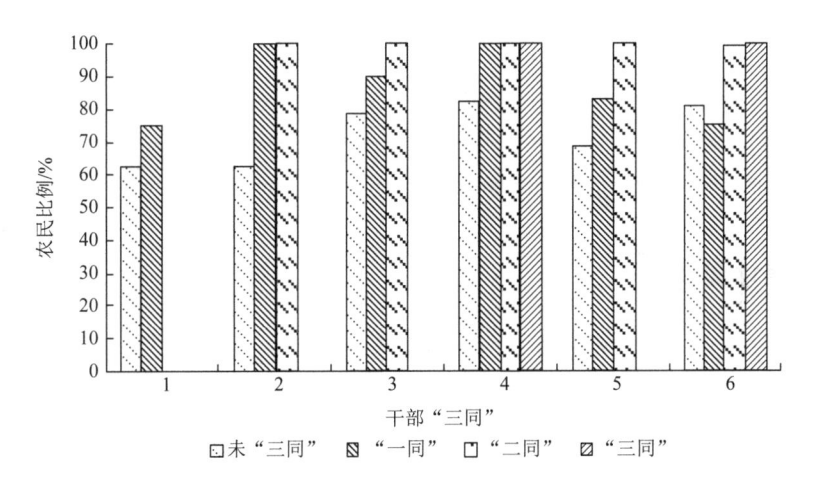

图 7.9　干部"三同"对公共服务满意度的影响在样本县间的差异

3. 到村、"三同"和新闻对基层政府满意度的描述统计

在群众路线实施路径的基础上,笔者发现不同的因素对基层政府满意度有不同的影响,因此本节对这些因素做了描述统计分析。结果发现,到村、同吃、同住、同劳动、"三同"以及新闻宣传都能显著提高农民对基层政府的满意度(表 7.6)。具体来讲,农民对干部的到村观察对满意度的显著性水平最高($p = 0.000 < 0.01$)。对于干部"三同"的调查显示,农民对同吃、同住、同劳动的观察值较少,但他们对基层政府满意度的影响非常显著。群众路线的宣传路径,也就是农民观看新闻的情况,在很大程度上影响其对基层政府的满意度。

表 7.6 群众路线对供给满意绩效的描述统计分析

变量	组别	观测值/人	满意度	p 值
到村	否	432	0.73	0.000
	1~5 次	109	0.90	
	6 次及以上	9	1.00	
同吃	否	512	0.76	0.090
	是	29	0.90	
同住	否	531	0.76	0.079
	是	10	1.00	
同劳动	否	510	0.76	0.022
	是	31	0.94	
"三同"	否	413	0.75	0.080
	"一同"	32	0.86	
	"二同"	9	1.00	
	"三同"	5	1.00	
观看新闻	是	393	0.79	0.086
	否	148	0.72	

二、构建计量模型

根据假设，本节以农民对基层政府的满意度作为因变量，干部到村和农民观看新闻为自变量。构建了 10 个计量模型：

$$\text{Satisfaction}_i = \alpha_j + \alpha_j \text{Visit}_i + \alpha_j \text{Character}_i + \alpha_j \text{Behavior}_i + \text{County}_i + \varepsilon_i \quad (7.6)$$

$$\text{Satisfaction}_i = \beta_j + \beta_j \text{Co\_Eat}_i + \beta_j \text{Character}_i + \beta_j \text{Behavior}_i + \text{County}_i + \varepsilon_i \quad (7.7)$$

$$\text{Satisfaction}_i = \rho_j + \rho_j \text{Co\_Live}_i + \rho_j \text{Character}_i + \rho_j \text{Behavior}_i + \text{County}_i + \varepsilon_i \quad (7.8)$$

$$\text{Satisfaction}_i = \theta_j + \theta_j \text{Co\_Work}_i + \theta_j \text{Character}_i + \theta_j \text{Behavior}_i + \text{County}_i + \varepsilon_i \quad (7.9)$$

$$\text{Satisfaction}_i = \delta_j + \delta_j \text{Co\_Three}_i + \delta_j \text{Character}_i + \delta_j \text{Behavior}_i + \text{County}_i + \varepsilon_i \quad (7.10)$$

$$\text{Satisfaction}_i = \gamma_j + \gamma_j \text{Visit}_i + \gamma_j \text{Character}_i + \gamma_j \text{Behavior}_i + \gamma_j \text{New}_i + \text{County}_i + \varepsilon_i \quad (7.11)$$

$$\text{Satisfaction}_i = \varphi_j + \varphi_j \text{Co\_Eat}_i + \varphi_j \text{Character}_i \\ + \varphi_j \text{Behavior}_i + \varphi_j \text{New}_i + \text{County}_i + \varepsilon_i \quad (7.12)$$

$$\text{Satisfaction}_i = \tau_j + \tau_j \text{Co\_Live}_i + \tau_j \text{Character}_i \\ + \tau_j \text{Behavior}_i + \tau_j \text{New}_i + \text{County}_i + \varepsilon_i \quad (7.13)$$

$$\text{Satisfaction}_i = \mu_j + \mu_j \text{Co\_Work}_i + \mu_j \text{Character}_i \\ + \mu_j \text{Behavior}_i + \mu_j \text{New}_i + \text{County}_i + \varepsilon_i \quad (7.14)$$

$$\text{Satisfaction}_i = \omega_j + \omega_j \text{Co\_Three}_i + \omega_j \text{Character}_i \\ + \omega_j \text{Behavior}_i + \omega_j \text{New}_i + \text{County}_i + \varepsilon_i \quad (7.15)$$

其中，Satisfaction$_i$是因变量，表示第i个农民是否对基层政府的满意，1为满意，反之为0；Visit$_i$和Co_Eat$_i$、Co_Live$_i$、Co_Work$_i$、Co_Three$_i$，以及New$_i$为解释变量。

Visit$_i$表示第i个农民观察到干部到村的频次，0为农民从未看到过干部来过村庄，1为农民看到过干部到村1～5次，2为农民看到到过干部到村6次及以上。Co_Eat$_i$表示第i个农民是否看到过干部在村庄与村民同吃，1为看到过，反之为0。Co_Live$_i$表示第i个农民是否看到过干部在村庄与村民同住，1为看到过，反之为0。

Co_Work$_i$表示第i个农民是否看到过干部与村民同劳动的行为，1表示看到过，反之为0。Co_Three$_i$表示第i个农民是否看到过干部与村民同吃、同住和同劳动的行为，0表示三种行为都没有，1表示有任意一种行为，2表示有任意两种行为，3表示三种行为都有。New$_i$表示第i个农民是否看电视新闻或听广播新闻，这五种群众路线实施路径和宣传路径共同与实施绩效形成上述10个计量模型。

另外，Character$_i$表示第i个农民的个人特征，包括性别、年龄、党员身份、受教育程度和种地情况。Behavior$_i$表示第i个农民参与村庄政策的行为，包括最近一次是否参加选举、是否了解村委会的人数。County$_i$是村民所在县的虚拟变量。另外，当$j=0$时，α、β、ρ、θ、δ、r、φ、τ、μ、ω表示常数项，反之表示模型的参数；ε表示标准误。

三、计量模型分析

由于描述统计无法准确排除其他因素的干扰，所以本节利用计量经济学模型分析农民对干部到村、三同的观察和农民看新闻的行为对农民满意度的影响。研究表明，回归分析与描述统计基本一致，新闻宣传、到村和三同观察仍旧会影响农民的满意度，但新闻宣传作用甚微，农民对干部到村的观察则起到了很大的作用。

模型（7.6）～模型（7.10）的数据显示，农民对干部到村和"三同"情况的观察与农民满意度呈正相关（表 7.7）。也就是说，农民对干部实施群众路线的观察在很大程度上提高了农民的满意度，这与本书的假设相一致。另外，通过模型的系数，本节结果表明在农民对干部实施群众路线的观察中，首先，同住对其满意度的影响程度最大，其次是同劳动、到村、同吃，最后是"三同"。这样的结果也与现实情况相符合，干部只有与农民深层次接触，才能了解农民的现实状况，若仅仅是吃饭，是无法深入交流和沟通的。"三同"影响程度最小的可能原因是"三同"的数据较少。

另外，农民的年龄和种地情况也影响农民对县农业干部的满意度。也就是农民年龄越大，农民对县农业干部的满意度越高，这与之前李燕凌和曾福生（2008）的研究也比较类似。可能是较年长的村民，感受到社会经济发展带来的一些变化，生活水平提高，故满意度较高，但对于较年轻的村民，可能感受到农村和城市之间的巨大差异，故满意度较低。另外，村民是否种地也是非常重要的影响因素。因为若农民种地，农民对县农业干部提供的公共服务有更多的感知，而若农民经商或外出打工，则与县农业干部有较少的联系，所以种地的农民一般对地方政府干部有较高的满意度。农民对村委会委员人数的认知情况，体现了农民对村委会事务的关心情况，也是影响农民对基层政府干部满意度的重要因素。此外，与上文描述相一致，各县间的满意度差异非常明显，仅有样本县5不显著，这也再次印证各县实施群众路线的情况不同，导致农民的满意度在各县之间也不同。样本县1和样本县5的农民对县农业干部到村、"三同"的观察最小（表 7.7），所以两县的农民对县农业干部的满意度有较大差异。

表 7.7　群众路线实施路径——农民观察对公共服务满意度的影响分析

因变量	满意度 模型（7.6）	满意度 模型（7.7）	满意度 模型（7.8）	满意度 模型（7.9）	满意度 模型（7.10）
到村观察	0.145*** (0.040)				
同吃观察		0.143* (0.080)			
同住观察			0.225* (0.134)		
同劳动观察				0.159** (0.077)	

续表

因变量	满意度 模型（7.6）	满意度 模型（7.7）	满意度 模型（7.8）	满意度 模型（7.9）	满意度 模型（7.10）
"三同"观察					0.100** (0.040)
性别	−0.029 (0.039)	−0.024 (0.039)	−0.029 (0.039)	−0.028 (0.039)	−0.025 (0.039)
年龄	0.003* (0.002)	0.003* (0.002)	0.003* (0.002)	0.003* (0.002)	0.004* (0.002)
党员身份	0.089 (0.057)	0.093 (0.058)	0.090 (0.059)	0.088 (0.058)	0.095 (0.058)
教育程度	0.003 (0.022)	0.005 (0.022)	0.005 (0.022)	0.002 (0.022)	0.004 (0.023)
是否种地	0.138** (0.058)	0.129** (0.059)	0.134** (0.059)	0.133** (0.059)	0.135** (0.059)
是否参与选举	0.044 (0.044)	0.0450 (0.044)	0.054 (0.044)	0.049 (0.044)	0.044 (0.044)
对村委会委员人数的认知正确	0.103*** (0.040)	0.099** (0.040)	0.100** (0.040)	0.100** (0.040)	0.100** (0.040)
样本县2	0.139** (0.062)	0.147** (0.063)	0.144** (0.063)	0.136** (0.063)	0.141** (0.063)
样本县3	0.183*** (0.064)	0.209*** (0.065)	0.210*** (0.065)	0.205*** (0.065)	0.206*** (0.064)
样本县4	0.216*** (0.062)	0.223*** (0.063)	0.219*** (0.063)	0.221*** (0.063)	0.213*** (0.063)
样本县5	0.049 (0.063)	0.042 (0.063)	0.044 (0.063)	0.045 (0.063)	0.040 (0.063)
样本县6	0.183*** (0.064)	0.193*** (0.064)	0.190*** (0.064)	0.187*** (0.064)	0.187*** (0.064)
截距	0.230* (0.121)	0.225* (0.122)	0.230* (0.122)	0.229* (0.122)	0.223* (0.122)
观测值/人	541	541	541	541	541
R^2	0.093	0.076	0.075	0.078	0.081

注：括号中为Z统计值

***$p<0.01$，**$p<0.05$，*$p<0.1$

模型（7.11）～模型（7.15）的数据显示，当新闻宣传和干部到村、"三同"的观察加入同一个模型时，仅仅到村、同劳动和"三同"观察的系数显著，而看新闻的农民在控制干部同住变量的观察下，对干部的满意度显著提高（表

7.8)。这可能说明尽管新闻会影响农民的满意度，但相比新闻宣传的信息，农民会更相信自己真实观察和了解的事实。与模型（7.6）～模型（7.10）的数据一致，其他控制变量，如年龄、种地情况和对村委会的了解情况仍旧显著影响农民对基层政府的满意度。

表 7.8　群众路线宣传路径——观看新闻对公共服务满意度的影响分析

因变量	满意度 模型（7.11）	满意度 模型（7.12）	满意度 模型（7.13）	满意度 模型（7.14）	满意度 模型（7.15）
到村观察	0.139*** 0.040				
同吃观察		0.128 0.081			
同住观察			0.218 0.133		
同劳动观察				0.148* 0.077	
"三同"观察					0.093** 0.040
性别	0.031 (0.039)	0.027 (0.039)	0.031 (0.039)	0.030 (0.039)	0.027 (0.039)
年龄	0.003* (0.002)	0.004* (0.002)	0.003* (0.002)	0.003** (0.002)	0.004** (0.002)
党员身份	0.086 (0.057)	0.089 (0.058)	0.086 (0.058)	0.085 (0.058)	0.091 (0.058)
教育程度	0.001 (0.022)	0.001 (0.022)	4.59×10^{-7} (0.022)	0.003 (0.022)	0.001 (0.022)
是否种地	0.138** (0.058)	0.128** (0.059)	0.134** (0.059)	0.133** (0.059)	0.135** (0.058)
是否参与选举	0.043 (0.044)	0.050 (0.044)	0.053 (0.044)	0.049 (0.044)	0.044 (0.044)
对村委会委员人数的认知正确	0.102** (0.040)	0.098** (0.040)	0.098** (0.040)	0.099** (0.040)	0.099** (0.040)
观看新闻	0.055 (0.041)	0.061 (0.041)	0.067* (0.041)	0.062 (0.041)	0.058 (0.042)
样本县2	0.140** (0.062)	0.147** (0.063)	0.145** (0.063)	0.138** (0.063)	0.142** (0.063)
样本县3	0.181*** (0.064)	0.206*** (0.065)	0.206*** (0.065)	0.202*** (0.065)	0.203*** (0.064)
样本县4	0.217*** (0.062)	0.225*** (0.063)	0.220*** (0.063)	0.222*** (0.063)	0.215*** (0.063)
样本县5	0.051 (0.063)	0.045 (0.063)	0.048 (0.063)	0.048 (0.063)	0.044 (0.063)
样本县6	0.191*** (0.064)	0.202*** (0.064)	0.200*** (0.064)	0.196*** (0.064)	0.196*** (0.064)

续表

因变量	满意度 模型（7.11）	满意度 模型（7.12）	满意度 模型（7.13）	满意度 模型（7.14）	满意度 模型（7.15）
截距	0.194 (0.123)	0.185 (0.125)	0.185 (0.125)	0.189 (0.124)	0.185 (0.124)
观测值/人	541	541	541	541	541
R^2	0.096	0.080	0.080	0.082	0.084

注：括号中为 Z 统计值

***$p<0.01$，**$p<0.05$，*$p<0.1$

第五节 群众路线助推各级政府的服务供给满意绩效的影响研究

群众路线是我党群众工作一直坚持的工作方法，所以群众路线的实施不仅会对提供公共服务的满意度产生影响，也会影响农民对县农业干部所在的基层政府的满意度，甚至会影响农民对村委会和中央政府的满意度。所以本节想探索基层政府干部的群众路线实施是否会影响农民对各级政府的满意度，也就是说各级政府之间的满意度是否存在相关性。同时，还探索了群众路线的实施路径和宣传路径对各级政府的影响。

一、描述统计

1. 观看新闻对各级政府满意度的描述统计

新闻作为政府重要的政策宣传途径，将政策的主要情况宣传给广大民众，使得他们了解并获得相关政策的信息。尤其对于农民来讲，除了新闻可以作为信息的窗口外，干部的到访和交流也是其了解信息的途径。但对于农民来讲，教育程度普遍较低，大多数无法看报纸或政策文件，观看电视上的新闻成为最廉价且最普遍的获取信息的渠道。除此之外，干部的到访，对政策进行讲解和交流，也是农民获取政策信息的主要方式。但对于中央政府的政策，农民则主要通过新闻宣传的途径获得。通过描述分析，新闻能显著提高农民对各级政府的满意度，其中观看新闻对农民的中央政府满意度的影响最大（$p=0.000<0.01$），观看新闻的农民的满意比例高出不看新闻的农民约 10 个百分点（表 7.9）。结果也显示，农民观看新闻也会影响农民对村委会提供公共服务的满意度，且在 10% 的显著水平下显著（$p=0.077<0.1$）。因此，政府应该通过不同渠道加强对政府政策的宣传，帮助

农民更加了解和熟悉中央政策，同时也能提高农民对基层政府政策实施的监督能力，从而改善他们对各级政府的看法。

表 7.9 新闻获取对各级政府满意度的描述分析

观看新闻	不看新闻/%	看新闻/%	p 值
村委会	80.4	86.5	0.077
基层政府	71.6	78.6	0.086
中央政府	81.1	92.9	0.000

注：样本中，看新闻和不看新闻的样本量分别是 393 和 148

2. 群众路线实施路径对各级政府满意度的描述统计

根据假设三，干部实施不同的群众路线方式，在不同程度上可能也会影响农民对各级政府的满意度。因此，笔者对不同路径的群众路线实施对各级政府的满意度进行了描述统计。结果显示，群众路线的实施仅仅对基层政府的满意度有影响，对村委会和中央政府的满意度没有显著影响（表 7.10）。具体而言，高频次的到村观察能提高农民对各级政府的满意度，但仅仅对村委会和基层政府的满意度显著有差异。相比较到村观察的频次在 1~5 次和 6 次及以上而言，农民未观察到基层政府的干部到村会显著降低其对基层政府的满意度。同时，干部同吃和同劳动的农民观察也会提高农民对各级政府的满意度，但仅仅农民对基层政府的满意度存在显著差异。其中，对于农民对干部同住和实施"三同"的观察，农民对中央政府的满意度不会随着观察行为的改变而改变。这也符合实际情况，因为农民经常与村委会接触。另外，农民对县级干部实施群众路线的观察不会改变农民对村委会的满意度，而是基于村委会实施政策的实际情况。然而，对于离自己较远的中央政府而言，也不会受到农民对县干部实施群众路线观察的影响，因为农民主要通过新闻来了解政策，并形成对中央政府的看法。

表 7.10 群众路线实施路径（农民观察）对各级政府满意度的影响

变量	组别	观测值/人	各级政府的满意度		
			村委会	基层政府	中央政府
到村观察	否	432	0.83	0.73	0.87
	1~5 次	109	0.91	0.90	0.96
	6 次及以上	9	1.00	1.00	1.00
同吃观察	否	512	0.84	0.76	0.89
	是	29	0.93	0.90	0.93

续表

变量	组别	观测值/人	各级政府的满意度		
			村委会	基层政府	中央政府
同住观察	否	531	0.85	0.76	0.90
	是	10	0.90	1.00	0.90
同劳动观察	否	510	0.84	0.76	0.89
	是	31	0.94	0.94	0.97
"三同"观察	否	413	0.84	0.75	0.89
	"一同"	32	0.86	0.86	0.95
	"二同"	9	1.00	1.00	0.88
	"三同"	5	1.00	1.00	1.00

3. 农民参与行为对各级政府满意度的描述分析

除了农民的个人特征，农民的政府参与行为不仅受到农民自身的参与意愿的影响，还会影响他们对政府的观点和看法。所以本书采用农民是否参与选举和农民是否了解村委会的人数作为农民参与政治政策和制度的意愿。数据表明，参与选举的农民，对基层政府和中央政府的满意度存在显著差异，而对村委会的满意度没有差异（表7.11）。然而，对于非常了解村委会委员情况的农民而言，他们对村委会和基层政府的满意度存在显著差异。对于具体的原因，笔者还需要进行更多的计量回归研究。

表 7.11 农民参与意愿对各级政府满意度的影响

变量	最近一次，是否参与选举			是否了解村委会委员的人数		
类别	未参与	参与	p 值	不知道	知道	p 值
村委会	82.4	85.7	0.343	73.7	86.7	0.003
基层政府	71.1	78.7	0.086	61.8	79.1	0.001
中央政府	85.9	91.0	0.089	85.5	90.3	0.203

二、构建计量模型

本节通过以下三个计量模型来讨论这三个问题：

$$S\_V_i = \alpha_j + \alpha_j N_i + \alpha_j S_i + \alpha_j VC_i + \alpha_j VB_i + C_i + \varepsilon_i \tag{7.16}$$

$$S\_C_i = \beta_j + \beta_j N_i + \beta_j S_i + \beta_j \text{VC}_i + \beta_j \text{VB}_i + C_i + \varepsilon_i \qquad (7.17)$$

$$S\_P_i = \gamma_j + \gamma_j N_i + \gamma_j S_i + \gamma_j \text{VC}_i + \gamma_j \text{VB}_i + C_i + \varepsilon_i \qquad (7.18)$$

其中，i表示第i个农民。模型（7.16）~模型（7.18）分别用于评估群众路线和新闻宣传对农民对各级政府提供公共服务的满意度的影响。模型（7.16）的被解释变量 S_V_i 表示第i个农民对村委会（村委会主任）提供公共服务的满意度，模型（7.17）的被解释变量 S_C_i 表示第i个农民对基层政府（县农业干部）提供公共服务的满意度，模型（7.18）的被解释变量 S_P_i 表示第i个农民对中央政府处理民生问题的满意度。

模型（7.16）~模型（7.18）的解释变量完全相同。S_i是本书重点关注的解释变量，是群众路线活动的政策变量，用来测试农民对干部实施群众路线路径的观察情况，分别代表到村、同吃、同住、同劳动和"三同"。每个变量的情况与第七章第三节的定义形式相同。N_i 表示模型中另一重要的解释变量，即农民对电视新闻中的民生节目的关注情况，是一个二值虚拟变量，1表示农民看电视新闻中的民生节目，0表示村民不看电视新闻中的民生节目。

模型中的解释变量还包括两类控制变量：一类是测度农民的基本个人特征，另一类是测度农民关注村庄政策的行为。其中变量 VC_i 是一组农民的基本社会经济特征的变量，具体包括农民的年龄、教育程度、党员身份和种地情况，VB_i 是一组农民关注村庄政策的行为变量，包括农民对村委会委员人数的认知情况和农民最近一次参与选举的情况。C_i 表示非观测效应，因为地区间的政策执行差异主要源于县或区之间的制度或行政差异，所以在模型中控制了县级非观测效应；当 $j=0$ 时，α、β、r 表示常数项，当 $j\neq0$ 时，α、β、r 表示模型的参数；ε 表示衡量其他不可观测的影响因素。模型采用最小二乘法进行估计。

三、计量模型分析

根据计量模型的结果，本书分析了群众路线和新闻宣传对各级政府满意度的影响。表7.12和表7.13说明，不同因素对各级政府的满意度的影响是不同的。表7.12根据模型（7.16）~模型（7.18）进行最小二乘估计，描述了农民对干部到村和"三同"行为的观察对各级政府满意度的影响。虽然最小二乘法的整体拟合程度在0.04~0.1，但由于所用数据为截面数据，模型的构建比较理想。计量分析的结果与前面的描述性统计的分析结果略有差异，表明农民对干部到村的观察可以提高农民对各级政府的满意度。但农民对干部"三同"的观察对提高农民对中央政府和村委会的满意度没有明显作用（表7.12）。与前面的描述性统计（表7.10）不一致的是，在控制其他变量的基础上，农民对干部到村的观察显著影响农民对中央政府的满意度。

表 7.12　群众路线实施路径（农民观察）对各级政府满意度的影响分析

因变量	各级政府满意度 村委会 模型（7.16）	各级政府满意度 基层政府 模型（7.17）	各级政府满意度 中央政府 模型（7.18）	各级政府满意度 村委会 模型（7.16）	各级政府满意度 基层政府 模型（7.17）	各级政府满意度 中央政府 模型（7.18）
到村观察	0.071** (0.034)	0.139*** (0.040)	0.054* (0.029)			
"三同"观察				0.046 (0.035)	0.093** (0.040)	0.014 (0.029)
性别	−0.020 (0.034)	−0.031 (0.039)	0.074*** (0.028)	−0.018 (0.034)	−0.027 (0.039)	0.075*** (0.028)
年龄	0.001 (0.002)	0.003* (0.002)	0.002 (0.001)	0.001 (0.002)	0.004** (0.002)	0.002 (0.001)
党员身份	0.093* (0.050)	0.086 (0.057)	0.051 (0.041)	0.095* (0.050)	0.091 (0.058)	0.050 (0.041)
教育程度	−0.005 (0.019)	−0.001 (0.022)	−0.003 (0.016)	−0.005 (0.019)	−0.001 (0.022)	−0.003 (0.016)
是否种地	0.005 (0.051)	0.138** (0.058)	0.037 (0.042)	0.003 (0.051)	0.135** (0.058)	0.034 (0.042)
是否参与选举	0.032 (0.038)	0.043 (0.044)	0.058* (0.032)	0.032 (0.038)	0.044 (0.044)	0.061* (0.032)
对村委会委员人数的认知正确	0.098*** (0.035)	0.102** (0.040)	0.045 (0.029)	0.096*** (0.035)	0.099** (0.040)	0.044 (0.029)
观看新闻	0.050 (0.035)	0.055 (0.041)	0.102*** (0.029)	0.052 (0.035)	0.058 (0.041)	0.105*** (0.029)
样本县 2	−0.009 (0.054)	0.140** (0.062)	−0.074* (0.045)	−0.008 (0.054)	0.142** (0.063)	−0.073 (0.045)
样本县 3	0.020 (0.056)	0.181*** (0.064)	0.0214 (0.046)	0.031 (0.056)	0.203*** (0.064)	0.031 (0.046)
样本县 4	0.049 (0.054)	0.217*** (0.062)	0.075* (0.045)	0.048 (0.054)	0.215*** (0.063)	0.078* (0.045)
样本县 5	−0.061 (0.054)	0.051 (0.063)	−0.011 (0.045)	−0.065 (0.055)	0.044 (0.063)	−0.012 (0.045)
样本县 6	0.047 (0.056)	0.191*** (0.064)	−0.033 (0.046)	0.049 (0.056)	0.196*** (0.064)	−0.030 (0.046)
截距	0.646*** (0.107)	0.194 (0.123)	0.58*** (0.089)	0.642*** (0.108)	0.185 (0.124)	0.575*** (0.089)
观测值	541	541	541	541	541	541
R^2	0.050	0.096	0.099	0.045	0.084	0.093

注：括号中为 Z 统计值
***$p<0.01$, **$p<0.05$, *$p<0.1$

农民的个人特征和参与行为也会影响其对各级政府的满意度，且对于不同级别的政府满意度，影响因素不同。具体来讲，对于村委会的满意度，主要受农民的党员身份和对村委会委员人数的认知情况影响。对于基层政府的满意度则主要受农民的年龄、是否种地和对村委会委员人数的认知情况的影响。而农民的性别、最近一次是否选举和是否看新闻则影响着农民对中央政府的满意度。因此，要改变农民对不同级别的政府的看法，应该采取不同的策略。

表7.13 根据模型（7.16）～模型（7.18）进行最小二乘估计，得到了农民与干部同吃、同住和同劳动三种行为的观察对各级政府满意度的影响结果。结果发现，除了农民对同住的观察显著影响农民对基层政府的满意度外，同吃、同住和同劳动三种行为的农民观察对各级政府满意度均没有显著影响。因此，无论是到村观察还是"三同"观察，农民个人特征和行为对各级政府满意度的影响结果相类似。

特别地，对于不同级别的政府而言，农民观看新闻的行为影响他们对中央政府的满意度，相反不影响农民对村委会和基层政府的满意度。一般来说，观看新闻的农民比例每提高1个百分点，农民对中央政府的满意度将提高10个百分点。这一结果说明，农民对新闻宣传信息的关注程度是影响他们对中央政府满意度的重要因素，因为观看新闻是农民获取中央政府政策信息的主要途径。但对于村委会和基层政府的满意度，不受新闻的影响。主要原因是村委会和基层政府是实际实施政策的组织，相对于中央政府而言，农民能够亲自接触到他们，故而农民对村委会和基层政府的满意度主要靠实施政策的行为和效果。

表7.13 "三同"对各级政府满意度的影响分析

因变量	村委会 模型(7.16)	基层政府 模型(7.17)	中央政府 模型(7.18)	村委会 模型(7.16)	基层政府 模型(7.17)	中央政府 模型(7.18)	村委会 模型(7.16)	基层政府 模型(7.17)	中央政府 模型(7.18)
同吃观察	0.086 (0.070)	0.128 (0.081)	0.012 (0.058)						
同住观察				0.039 (0.115)	0.218 (0.133)	−0.037 (0.095)			
同劳动观察							0.076 (0.067)	0.148* (0.077)	0.053 (0.055)
性别	−0.017 (0.034)	−0.027 (0.039)	0.076*** (0.028)	−0.020 (0.034)	−0.031 (0.039)	0.074*** (0.028)	−0.019 (0.034)	−0.030 (0.040)	0.075*** (0.028)
年龄	0.001 (0.002)	0.004* (0.002)	0.002 (0.001)	0.001 (0.002)	0.0035* (0.002)	0.002 (0.001)	0.001 (0.002)	0.004** (0.002)	0.002 (0.001)
党员身份	0.096* (0.050)	0.089 (0.058)	0.050 (0.041)	0.091* (0.050)	0.086 (0.058)	0.048 (0.041)	0.092* (0.050)	0.085 (0.058)	0.050 (0.041)

续表

因变量	村委会 模型(7.16)	基层政府 模型(7.17)	中央政府 模型(7.18)	村委会 模型(7.16)	基层政府 模型(7.17)	中央政府 模型(7.18)	村委会 模型(7.16)	基层政府 模型(7.17)	中央政府 模型(7.18)
教育程度	−0.004 (0.019)	0.001 (0.022)	−0.003 (0.016)	−0.005 (0.019)	−4.59×10⁻⁷ (0.022)	−0.003 (0.016)	−0.006 (0.019)	−0.003 (0.022)	−0.004 (0.016)
是否种地	0.0002 (0.051)	0.128** (0.059)	0.033 (0.042)	0.0004 (0.051)	0.134** (0.059)	0.031 (0.042)	0.002 (0.051)	0.133** (0.059)	0.035 (0.042)
是否参与选举	0.033 (0.038)	0.050 (0.044)	0.062** (0.032)	0.038 (0.038)	0.053 (0.044)	0.064** (0.032)	0.034 (0.038)	0.049 (0.044)	0.060* (0.032)
对村委会委员人数的认知正确	0.096*** (0.035)	0.098** (0.040)	0.044 (0.029)	0.096*** (0.035)	0.098** (0.040)	0.044 (0.029)	0.096*** (0.035)	0.099** (0.040)	0.044 (0.029)
观看新闻	0.052 (0.035)	0.061 (0.041)	0.106*** (0.029)	0.057 (0.035)	0.067* (0.041)	0.107*** (0.029)	0.054 (0.035)	0.062 (0.041)	0.105*** (0.029)
样本县2	−0.005 (0.054)	0.147** (0.063)	−0.072 (0.045)	−0.007 (0.054)	0.145** (0.063)	−0.072 (0.045)	−0.010 (0.054)	0.138** (0.063)	−0.075* (0.045)
样本县3	0.032 (0.056)	0.206*** (0.065)	0.031 (0.046)	0.033 (0.056)	0.206*** (0.065)	0.031 (0.046)	0.031 (0.056)	0.202*** (0.065)	0.030 (0.046)
样本县4	0.051 (0.054)	0.225*** (0.063)	0.080* (0.045)	0.054 (0.054)	0.220*** (0.063)	0.082* (0.045)	0.051 (0.054)	0.222*** (0.063)	0.077* (0.045)
样本县5	−0.065 (0.055)	0.045 (0.063)	−0.012 (0.045)	−0.062 (0.055)	0.048 (0.063)	−0.011 (0.045)	−0.063 (0.055)	0.048 (0.063)	−0.012 (0.045)
样本县6	0.052 (0.056)	0.202*** (0.064)	−0.029 (0.046)	0.053 (0.056)	0.200*** (0.064)	−0.028 (0.046)	0.049 (0.056)	0.196*** (0.064)	−0.031 (0.046)
截距	0.641*** (0.108)	0.185 (0.125)	0.576*** (0.089)	0.643*** (0.108)	0.185 (0.125)	0.576*** (0.089)	0.644*** (0.108)	0.189 (0.124)	0.576*** (0.089)
观测值	541	541	541	541	541	541	541	541	541
R^2	0.045	0.080	0.093	0.042	0.080	0.093	0.044	0.082	0.094

注：括号内为标准误

***$p<0.01$，**$p<0.05$，*$p<0.1$

第六节 群众路线助推服务供给的作用机理分析

本书以群众路线作为农村生产性公共服务的供求信息传导路径，包括实地实践和新闻宣传两个方面，这两者在实际生活中是两个行动，但都是由政府干部的实际工作决定的。供求信息的传导是一个动态且循环的过程。干部的实地实践和农民对其实地实践的观察是两个基本上可以同时发生的活动，即使不是同时发生的活动，也可以由其他村民进行转述。因此，本书的供求信息传导路径实际上是基于两个主体在同一件事情上的认知,而信息的传导只是依附于干部实践的工作基础,实际的信息传导是一个互动过程。本书在实践中只能调查开展群众路线活动的实际情况,以及开展活动后的服务绩效,农民的满意情况和干部认知的一致性程度,正好印证了图4.6和图4.7的影响机理。

本章的第二节发现干部的群众路线实践,即供给信息传导路径对干部的认知一致基本上没有影响,这可能也与干部实施群众路线的方式,以及公共服务的供给制度有关。通过与干部之间的半结构访谈了解到干部实施群众路线的方式主要是到村里走一走,与干部聊一聊,基本了解本村的情况就回到县城,基本上没有与当地农民深入沟通交流的情况。另外,干部在了解到农村的服务需求之后,干部之间没有形成研讨会或者沟通交流的根本制度,导致没有对农民对公共服务需求的认知进行讨论,形成共同的认知。

本章的第三节发现农民的群众路线观察,即需求信息传导路径对农民对各级政府的满意度都有显著的影响,这可能与农民满意度的来源有关。根据政府绩效理论,农民对政府的信任和满意的来源主要依据其对政府行为的基本认知。在对干部开展群众路线的实地实践的观察中,农民可能会发现政府干部开始关注其自身的生产性服务需要及其他服务方面的需要,从而产生对政府干部甚至基层政府更高的满意度。

供给者和需求者之间的供求信息的对称情况关系到公共服务供求失衡的问题。供求信息的有效传导可以促进供求信息的一致,从而促进供给和需求之间的结构性均衡。在政府供给总量保持不变的情况下,当供给数量和需求数量之间能够实现均衡时,可以使得农民的需求在一定程度上得到满足,从而使得农民对政府供给的公共服务满意。同时,政府干部在供给公共服务的过程中,通过与农民的交流认识到农民所需要的公共服务,再经过政府干部之间的讨论和研究,可以对农民需要的公共服务达成一致的认识。基于第三章的政策过程理论、社会认知理论和马克思主义认识论,认知的改变和群众路线实践的过程都是在不断实施和实践之后产生的,所以可能还需要长期的调查追踪,才能探索和实践理论的有效性。

第七节 本 章 小 结

本章主要从供给者——干部视角和需求者——农民视角对基于群众路线的供求信息传导路径的绩效进行实证分析,包括供给信息传导路径——实地实践(包含干部到村和干部"三同")对干部认知一致的影响和需求信息传导路径——实地实践观察(干部到村观察和干部"三同"观察)对农民满意度的影响。首先,对县农业干部的数据进行分析,发现70%的干部认为农民最需要的公共服务是农业技术培训,且各县之间干部认知存在显著差异。描述统计和计量模型的分析结果显示干部的认知一致性不受干部推行供给信息传导机制——实地实施群众路线路径的影响，同时也不会随着干部个人特征和工作经验的变化而产生差异。其次，对农民的数据分析发现，80%左右的农民对基层政府表示满意，且各县之间的满意度存在显著差异。描述统计和计量模型分析结果显示农民的满意度主要受农民的需求信息传导路径——实地实践观察的影响，以及农民是否种地和农民对村委会活动的参与行为的影响。最后，对农民的数据分析发现农民对各级政府之间的满意度呈现对基层政府满意度最低，其次是村委会，最高的是中央政府。描述统计和计量模型分析结果显示新闻宣传在很大程度上影响农民对中央政府的满意度，但干部到村和"三同"的观察主要影响农民对基层政府的满意度，而农民参与政府活动的意愿主要影响农民对村委会的满意度。

第八章 主要结论和政策建议

第一节 主 要 结 论

本书通过对2012年陕西省6个样本县152名县农业干部和541名农民的实地调查,描述了干部对农民所了解、需求和满意的生产性公共服务的认知情况和农民自身所了解、满意和需要的现状,且对以群众路线的实施为例的农村生产性公共服务信息传导路径和绩效进行了实证分析。随后,通过随机抽取20个左右的县农业干部进行定性访谈,了解基层干部开展群众路线工作的方式。根据分析得出的基本结论如下。

第一,从干部和农民对生产性公共服务的认知情况来看群众路线的现状,发现干部和农民对生产性公共服务的认知存在较大的差异。具体来讲,绝大多数县农业干部认为农民最了解、最满意和最需要的生产性公共服务是农业技术培训。但样本县农民认为自己最了解、最满意和最需要的生产性公共服务不是农业技术培训,而是农作物病虫害防治和种子监测。这证实了当时绝大多数研究中农村生产性公共服务供求不一致的现状。干部和群众对生产性公共服务的认知差异,最主要的原因是当前政府公共服务的供给机制主要是自上而下的,所以干部常常忽略群众对公共服务的需求。

第二,从基于"群众路线"的生产性公共服务信息传导路径来讲,干部实施的群众路线路径与农民观察的群众路线路径之间相差非常大。数据结果表明,95%的县农业干部到过村庄,而仅有20%的农民看到县农业干部到过村庄。同时,90%的县农业干部在村庄有同吃、同住和同劳动的群众路线工作,但仅有10%的农民观察到县农业干部在村庄有同吃、同住和同劳动的行为。干部实施群众路线的路径主要受干部的党员身份和干部的农业部门工作年限的影响,而农民对群众路线的观察主要受农民参与村委会政策的行为和其对民生政策的新闻关注度的影响。

第三,从基于"群众路线"的生产性公共服务信息传导绩效来讲,群众路线实施路径对于干部认知一致性没有影响,但群众路线的观察在一定程度上可以提高农民的满意度。数据结果表明,70%的干部认为农民最需要的生产性公共服务是农业技术培训,也就是70%的干部对农民需要的生产性公共服务形成认知一致性。同时,80%左右的农民对基层政府满意。通过描述统计和计量分析结果表明,干部实施群众路线不会提高干部对农民认知的一致性，而农民对干部实施群众路线的观察却能显著提高农民的满意度。

第四，通过比较群众路径的宣传路径和实施路径对各级政府的影响，结果显示宣传路径对中央政府满意度的影响较大，而实施路径对基层政府满意度的影响较大。这样的结果说明，干部在实施群众路线的过程中，党员干部对此的关注程度较高，在政府政策的实施过程中，应该调动整体干部群众路线的工作积极性。另外，基层干部要经常实施实实在在的群众路线活动并做好相应的宣传工作，而不能仅仅做一些表面工作。

所以，干部和群众的供求认知、实施路径和实施绩效之间的巨大差异，主要表现在公共服务信息传导机制的缺乏，不仅仅包括需求表达机制的缺乏，还表现在干部评估政策实施效果机制的缺乏。本书拟通过群众路线工作方法的实施作为生产性公共服务信息传导机制的途径，结果发现干部实施群众路线，对于农民有效，但对于干部无效。这也说明干部实施群众路线的方法也许有误。通过书中的定性分析，干部主要通过到村走访一户或几户的方式开展群众路线，这样的工作方法显然无法改变干部对农民需求的认知。所以，政府需要改进干部实施群众路线的工作方式，实现生产性公共服务供求信息的有效传导。

第二节 政 策 建 议

根据本书对干部和农民双重视角的分析结果，为了更好地实施群众路线的工作方法，提高干部的认知水平和改善农民的满意度，进一步实现农村公共产品供求均衡，从而更好地促进社会稳定和经济发展，结合前面的研究结论，本节从公共政策信息传导机制、群众路线工作制度、政府绩效评价制度、公共政策执行和宣传制度四个方面，阐述提高基于"群众路线"的生产性公共服务供求信息传导机制及绩效的政策建议。

一、优化基层政府的公共政策信息传导机制

（1）在自上而下的公共服务供给机制的基础上，切实可行地优化自下而上的农民公共服务需求表达机制。由于农村公共服务的供给主要是由政府提供的，缺乏来自农民需求的整体分析以及获取农民需求的信息渠道，最终导致农民的需求无法满足，同时政府提供的公共服务也无法获得农民的满意。农民作为公共服务的需求者，有权利也有义务向公共服务的供给者充分表达自己的真实需求，但限于自身信息的缺乏，以及没有向上传递的渠道，导致自身的需求表达意愿不强烈。所以，政府应该提供可以自下而上的农民公共服务的需求表达途径，让农民有表

达自己需求的路径，从而使得政府干部可以根据农民的需求形成统一的公共服务需求认知，从而更好地提供公共服务。

（2）在"互联网+"的社会环境背景下，优化基层政府的公共政策信息网络传导机制，便于干部和农民之间的信息互通即时，加强基层干部的公共政策宣传能力，改善农民的信息获取能力。在目前的信息社会中，很多农民都有手机和电脑，所以政府干部可以通过一些网络互动平台及政府电子政务平台等渠道宣传政府的公共政策信息，加强农民和干部之间的沟通交流，收集农民对公共服务的需要情况和满意情况，这种方式能够有效降低供求信息传递的成本，更好地为干部了解农民的公共服务需求提供路径，从而使得政府干部能够更好地为人民服务。

（3）在"群众路线"的思想下，优化公共政策信息传导机制的路径。群众路线是一个伟大的思想，通过基层干部的实地实践，既能为农民办实事，又能在工作中将公共政策的详细信息介绍给农民，同时将农民所需和所想的公共服务收集起来，是一项非常好的工作实践方法。这样的工作方法，能够有效促进公共服务供求信息的显露，最终促进公共服务的有效供给，达到供求均衡。

二、健全群众路线实施的工作制度

（1）建立政府干部实行群众路线工作方法的制度，促进政府干部共同坚持"一切为了群众，一切依靠群众"的宗旨，实行"从群众中来，到群众中去"的领导方法和工作方法。政府应该积极制定基层干部群众工作的实施细则，包括明确干部实施群众工作的目标、方法和步骤。同时，对于干部走访基层，应该积极鼓励干部通过随机选择走访村的方法，使得每个走访村都能获得相同的到访概率，有利于政策的全面宣传和推广。

（2）完善干部群众工作培训体系，并培养干部的群众观点。培训内容应该包括如何切实可行地实施"群众路线"政策制定模式（从需求信息收集、问题选择、方案形成、政策确定、政策执行和政策评估等过程）、如何科学地进行调查研究来确定待解决的问题和如何科学地进行政策影响评估。这些可以帮助基层干部提高实施群众工作的能力，同时，不断提高他们认知群众了解、满意和需要的公共服务的能力，从而帮助农民更好地理解干部的工作。

（3）建立基层干部开展群众工作的群众监督机制。群众作为干部开展群众工作的接受者，能够从基层干部的群众工作中获益，是最有发言权的群体，对基层干部客观的工作评价一定程度上有利于干部群众工作的改进。因此，在社会不断发展变化的过程中要不断培养农民具备较强的监督能力。

三、完善服务型政府的政府绩效评价制度

（1）完善服务型政府的政府绩效评价体系。在服务型政府的愿景下，逐步调整政府的绩效评价体系，特别是改变基层政府重经济轻服务的评估体制，从而激励政府能够成为真正为公众提供公共服务的主体，而不是市场经济中的投资主体。世界银行的报告也指出，特别是对于农村地区，公共服务的供给在很大程度上能够缩小贫富差距，所以政府应该加大公共服务的供给（World Bank，2007）。同时，在政府绩效评价体系中，要重视农民的参与，给予农民决定农村公共服务供给的选择权和知情权，以及衡量公共服务质量的评价权，这样才能进一步完善服务型政府的建设效果。

（2）完善干部供给公共服务考核绩效的机制。在干部的工作绩效考核中，应该实行责任制度化，从而对一些政府干部仅凭个人偏好和主观意愿进行决策的行为进行有效约束，对损害农民利益的决策行为，要追究决策人的责任，维护农民的权益。同时，应该为农民评估干部供给公共服务的情况提供渠道和办法，如干部可以采取科学有效的调查方法来了解自己公共服务供给的效果。

（3）建立基层政府公共政策评估机制，应该致力于将农民的问题解决作为宗旨。同时，要注意将问题控制在过程中，做到事前求实、事中求效和事后求反馈的工作机制。例如，通过政策前和政策后的基线和评估调查，了解政策实施和未实施的地区在政策实施前后的差异，从而了解政策实施的效果，最终不断推进公共政策实施的有效性和促进公共政策制定的合理性。只有通过这样的评估方法，才能使得干部了解其工作的绩效，才能促进干部更好地服务广大民众，同时也可以使得中央政府的领导者能够切实了解不同地区政策实施的效果及影响。这也需要其他学者进一步去探索解决问题的方法和措施。

四、构建基层政府和中央政府一体化的公共政策执行和宣传制度

（1）构建基层政府和中央政府一体化的公共政策执行制度，包括公共政策的制定、实施和评估制度，有利于政策全面有效地实施和持续改进。中央政府和基层政府作为公共政策的制定者和执行者，由于信息传递不通畅，经常导致公共政策实施的低效，同时，又因为一项公共政策通常涉及多个部门，多个政府干部，权利和责任经常不清晰，导致即使是好的公共政策也无法有效实施。所以，在这种情况下，农民的公共服务需求和政府的供给就出现了严重的脱节。因此，公共政策的制定、实施和评估体制应该成为系统化工程，不仅要制定出好的政策，更要将好的政策执行好，且人民满意，这才是政策制定和实施的目标。

（2）构建基层政府和中央政府一体化的公共政策宣传制度。公共政策的宣传是农民了解公共政策的一个非常重要的渠道。但农民对于中央政府和基层政府的评价是有差异的，农民非常满意中央政府制定的公共政策，但因基层政府在政策的执行中出现问题而使农民产生不满情绪，这也影响到农民对中央政府政策的态度，从而影响社会稳定。所以，政府应该建立系统化的公共政策宣传制度，不仅要宣传中央公共政策的情况，同时也要宣传基层政府为公共政策所做的工作和努力，以及农民对于公共政策的反应，最终达到公共政策有效执行和公共服务有效供给。

参 考 文 献

阿特金森 A B，斯蒂格里茨 J E. 1994. 公共经济学[M]. 蔡江南，等译. 上海：上海人民出版社.
部金洲. 2010. 从"单方供给"到"多方供给"：我国农村公共服务供给机制研究综述[J]. 清江论坛，（4）：39-44.
蔡立辉. 2002. 政府绩效评估的理念与方法分析[J]. 中国人民大学学报，16（5）：93-100.
常芳，杨矗，王爱琴，等. 2014. 新农保实施现状及参保行为影响因素：基于 5 省 101 村调查数据的分析[J]. 管理世界，（3）：92-101.
陈东平，王海员. 2013. 农村民主化治理与村庄公共投资效率：以农村道路建设为例[J]. 农业经济问题，34（5）：44-50，111.
陈丽铃. 2018. 后农业税时代农村公共服务供给探究：基于社会治理现代化视角[J]. 农村经济与科技，29（12）：204-206.
陈万灵. 2002. 社区研究的经济学模型：基于农村社区机制的研究[J]. 经济研究，37（9）：57-66，94.
陈新明. 2021. 任期制下领导干部决策机会主义行为及其治理[J]. 领导科学，（13）：27-29.
陈彦斌，姚一旻. 2010. 中国经济增长的源泉：1978—2007 年[J]. 经济理论与经济管理，（5）：20-28.
陈钊，徐彤. 2011. 走向"为和谐而竞争"：晋升锦标赛下的中央和地方治理模式变迁[J]. 世界经济，34（9）：3-18.
迟福林. 2005. 门槛：政府转型与改革攻坚[M]. 北京：中国经济出版社.
迟福林. 2006. 论"公共服务型政府"[J]. 理论参考，（6）：26-27.
储峥. 2012. 基于互动学习的货币政策信息传导机制研究[D]. 复旦大学博士论文.
崔昱晨，杨永淼. 2016. 农村公共服务供给侧改革的阻碍因素与政策建议：基于地方政府内部机制分析[J]. 农村经济与科技，27（19）：228-231.
戴安林. 2013. 党的群众路线教育实践活动常态化及其机制构建[J]. 重庆社会科学，（6）：11-17.
邓蒙芝. 2013. 农村公共物品供给模式与地区间供给差距研究：对税费改革前后相关调查数据的统计分析[J]. 沈阳农业大学学报（社会科学版），15（6）：649-652.
邓念国. 2013. 农民公共服务需求表达研究：背景、主要成果与发展前景[J]. 中共杭州市委党校学报，（1）：46-52.
邓小平. 1994. 贯彻调整方针，保证安定团结[M]//邓小平.邓小平文选第二卷. 北京：人民出版社.
邓毅. 2007. 政府采购公共政策目标和传导机制研究：兼谈支持自主创新的政府采购政策[J]. 财政研究，（9）：51-53.
邓宗兵，封永刚，张俊亮. 2018. 西部农村公共服务供给效率评价与改进研究[M]. 北京：科学出版社.
丁焕峰，刘小勇. 2019. 农村公共产品供需均衡研究：以广东省为例[M]. 北京：科学出版社.
杜俊晓，姜峰. 2012. "三问三解"惠三秦[J]. 西部大开发，（4）：30-31.

樊胜根, 张林秀, 张晓波. 2002. 中国农村公共投资在农村经济增长和反贫困中的作用[J]. 华南农业大学学报（社会科学版）, 1(1): 1-13.

方堃. 2011. 农村公共服务需求偏好、结构与表达机制研究：基于我国东、中、西部及东北地区的问卷调查和统计[J]. 农业经济与管理, （4）：46-53, 96.

冯林, 张自尧. 2013. 西部地区农民农业技术培训需求分析：基于甘肃省14个市州参训农民的调查[J]. 内蒙古科技与经济, （18）：3-5.

付春香. 2013. "联村联户、为民富民"行动绩效提升策略研究[J]. 农村经济与科技, （1）：136-137.

高琳. 2012. 分权与民生：财政自主权影响公共服务满意度的经验研究[J]. 经济研究, 47（7）：86-98.

高卫星. 2005. 试论地方政府公信力的流失与重塑[J]. 中国行政管理, （7）：62-65.

高彦彦, 周勤, 郑江淮. 2012. 为什么中国农村公共品供给不足？[J]. 中国农村观察, （6）：40-52, 93-94.

国家行政学院课题组, 胡冶岩, 赵子建. 2009. 探索基层政府公共服务的质量标准：山东胶州九龙镇《乡镇政府便民服务规范》调查[J]. 国家行政学院学报, （3）：79-82.

国务院发展研究中心课题组. 2012. 民生为本：中国基本公共服务改善路径[M]. 北京：中国发展出版社.

何大安. 2004. 行为经济人有限理性的实现程度[J]. 中国社会科学, （4）：91-101, 207.

何兰萍, 傅利平, 等. 2019. 公共服务供给与居民获得感：社会治理精细化的视角[M]. 北京：中国社会科学出版社.

何显明. 2007. 信用政府的逻辑：转型期地方政府信用缺失现象的制度分析[M]. 上海：学林出版社.

何志锋. 2014. 教育实践活动取得实效需加强群众参与[J]. 中国发展观察, 114（6）：36.

贺东航, 孔繁斌. 2011. 公共政策执行的中国经验[J]. 中国社会科学, （5）：61-79, 220.

贺雪峰, 罗兴佐. 2008. 农村公共品供给：税费改革前后的比较与评述[J]. 天津行政学院学报, 10（5）：28-34.

洪勇, 张红虹. 2015. 新兴产业培育政策传导机制的系统分析：兼评中国战略性新兴产业培育政策[J]. 中国软科学, （6）：8-19.

胡鞍钢, 周绍杰, 任皓. 2016. 供给侧结构性改革：适应和引领中国经济新常态[J]. 清华大学学报（哲学社会科学版）, 31（2）：17-22, 195.

胡锦涛. 2005. 坚持发扬艰苦奋斗的优良作风，努力实现全面建设小康社会的宏伟目标[M]// 中共中央文献研究室. 十六大以来重要文献选编（上）. 北京：中央文献出版社.

胡锦涛. 2016. 科学执政、民主执政、依法执政[M]//胡锦涛. 胡锦涛文选第二卷. 北京：人民出版社.

胡荣. 2007. 农民上访与政治信任的流失[J]. 社会学研究, （3）：39-55, 243.

胡悦. 2012. 以"三问三解"助推"八大工程"[J]. 西部大开发, （5）：98.

淮建军, 刘新梅. 2007. 公共服务研究：文献综述[J]. 中国行政管理, （7）：96-99.

黄利会, 叶慧. 2009. 我国农村生产性公共产品供给效率评价[J]. 统计与决策, （12）：51-53.

黄兆林. 1997. 新形势下坚持群众路线要处理好四个关系[J]. 科学社会主义, （5）：56-58.

黄志冲. 2000. 农村公共产品供给机制创新的经济学研究[J]. 中国农村观察, （6）：35-39, 78.

纪良. 2007-06-23. 构建和谐干群关系[N]. 光明日报, （7）.

贾朝宁. 2015. 中国共产党领导中国制度取得成功的三个关键因素[C]. 第四届"中日社会主义学

者论坛",日本东京.

贾康,苏京春.2016.论供给侧改革[J].管理世界,(3):1-24.

贾康,孙洁.2006.农村公共产品与服务提供机制的研究[J].管理世界,(12):60-66.

江泽民.2006."三讲"教育是加强党的建设的新探索[M]//江泽民.江泽民文选第二卷.北京:人民出版社.

姜海山,蒋俊杰,于洪生,等.2017.中国故事丛书:中国政府架构与基本公共服务[M].北京:人民出版社.

蒋月亮,常菁菁,栾江,等.2013.农村公共物品的供给现状、需求偏好及支付意愿:基于陕西省366份农户数据调查[J].农村经济,(7):14-18.

金衡,霍志坚,史谦.2017.浅谈公共政策宣传的有效方式[J].新闻世界,(6):78-80.

康健.2016.农村公共服务精准化供给侧结构性改革的需求导向研究[J].农村经济与科技,(19):233-234.

康静萍.2003.论农村公共物品供给体系与农民/权益保护[J].江西财经大学学报,(6):65-67.

康静萍.2005.我国农村地区公共品供给体系的完善[J].经济理论与经济管理,(8):52-56.

孔微巍,王非非.2012.资源枯竭地区典型城市公共政策系统传导效应分析.商业经济[J],(5):8-10.

孔祥智,李圣军,马九杰.2006.农户对公共产品需求的优先序及供给主体研究:以福建省永安市为例[J].社会科学研究,(4):47-51.

孔祥智,涂圣伟.2006.新农村建设中农户对公共物品的需求偏好及影响因素研究:以农田水利设施为例[J].农业经济问题,27(10):10-16,79.

孔兆政,叶兴艺.2013.我国农村公共服务的供给偏好与优化策略[J].中共天津市委党校学报,15(6):63-67.

匡贤明.2009.公共服务促进经济增长的传导机制研究:基于分工成本的视角[J].中南财经政法大学学报,(3):55-61.

匡远配,汪三贵.2006.中国农村公共产品供求理论综述[J].兰州学刊,(3):173-177.

李翀.2016.论供给侧改革的理论依据和政策选择[J].经济社会体制比较,(1):9-18.

李大胜,范文正,洪凯.2006,农村生产性公共产品供需分析与供给模式研究[J].农业经济问题,27(5):4-9,79.

李华.2012."群众路线":民主形态[J].上海党史与党建,(4):9-13.

李华.2014."群众路线":概念、内涵及其历史演变[J].党史研究与教学,(1):96-102.

李静怡.2006.林达尔均衡与农村公共品提供[J].时代经贸,(4):29.

李羚.2004.公共绩效考验政府服务的质量:从农村公共产品供给不足谈起[J].经济体制改革,(6):71-75.

李明.2018.公共服务动机的测量与培育:基于中国传统文化视角[M].北京:科学出版社.

李强,罗仁福,刘承芳,等.2006.新农村建设中农民最需要什么样的公共服务:农民对农村公共物品投资的意愿分析[J].农业经济问题,27(10):15-20,79.

李琴,熊启泉,陈铭恩.2004.税费改革前后的农村公共品供给:以湖北省随州市曾都区为例[J].调研世界,(12):15-17,37.

李韶青.2005.我国税收政策执行对传导机制的影响及对策研究[D].厦门大学硕士论文.

李彤,董谦,刘秀娟.2008.中国农民培训需求状况调查分析[J].中国农学通报,24(9):528-530.

李锡炎.1996.正确处理市场经济与坚持群众路线的若干关系[J].理论与改革,(12):10-12.

李先念. 1989. 不能放松农田建设[M]//李先念. 李先念文选. 北京：人民出版社.
李显戈, 姜长云. 2015. 农户对农业生产性服务的可得性及影响因素分析：基于1121个农户的调查[J]. 农业经济与管理, 32（4）：21-29.
李晓园. 2010. 县级政府公共服务能力与其影响因素关系研究：基于江西、湖北两省的调查分析[J]. 公共管理学报, 7(4): 57-66, 125.
李杏. 2008. 河北省农村生产性公共产品供给制度创新研究[D]. 河北农业大学硕士学位论文.
李燕凌, 曾福生. 2008. 农村公共品供给农民满意度及其影响因素分析[J]. 数量经济技术经济研究（8）：14-25.
李义波. 2004. 农村居民公共产品需求偏好状况研究：对湖北省荆州市J镇的调查[J]. 南京农业大学（社会科学版）, 4（4）：24-27, 38.
连珂, 王杰敏. 2007. 农村政策执行的制约因素及对策探讨[J]. 河北学刊, 27（4）：256-258.
廖辉雄, 侯亚群. 2011. 新时期党联系群众的实践探索：珠海市斗门区实施党群连心工程的思考[J]. 中共珠海市委党校珠海市行政学院学报,（3）：33-37.
廖彦富, 王跃飞. 2014. 十八大以来党的群众路线研究综述[J]. 中共云南省委党校学报, 16（5）：61-64.
林鹭航. 2008. 中国农村公共产品理论研究综述[J]. 福建论坛（人文社会科学版）,（S3）：58-60.
林万龙, 刘仙娟. 2006. 税费改革后农村公共产品供给机制创新：基于交易成本角度的探讨[J]. 农业经济问题, 27（4）：30-34, 79.
林万龙. 2007. 农村公共服务市场化供给中的效率与公平问题探讨[J].农业经济问题, 28（8）：4-10, 110.
林万龙. 2007. 中国农村公共服务供求的结构性失衡：表现及成因[J]. 管理世界,（9）：62-68.
林万龙. 2009. 不同级层财政主体的农村公共服务供给能力分析[J]. 甘肃行政学院学报,（1）：21-25.
刘红凛, 等. 2021. 赢得人民的成功密码：党的群众路线研究[M]. 上海：上海人民出版社.
刘明兴, 徐志刚, 刘永东, 等. 2008. 农村税费改革、农民负担与基层干群关系改善之道[J]. 管理世界,（9）：82-89.
刘其涛. 2013. 新农村建设背景下农村生产性公共产品供给效率研究：以河南省为例[J]. 广东农业科学, 40（20）：203-207.
刘小玄, 赵农. 2007. 论公共部门合理边界的决定：兼论混合公共部门的价格形成机制[J]. 经济研究, 42（3）：45-56.
刘晓霞, 周凯. 2014, 甘肃省农村反贫困模式创新研究：以"联村联户、为民富民"行动为对象[J]. 社科纵横, 29（8）：35-38.
刘秀萍. 2007. 马克思主义认识论的若干新探讨[J]. 岭南学刊,（1）：95-99.
刘义强. 2006. 建构农民需求导向的公共产品供给制度：基于一项全国农村公共产品需求问卷调查的分析[J]. 华中师范大学学报（人文社会科学版）, 45（2）：15-23.
刘莹, 王凤. 2012, 农户生活垃圾处置方式的实证分析[J]. 中国农村经济,（3）：88-96.
刘玉红, 高铁梅, 陶艺. 2006. 中国转轨时期宏观经济政策传导机制及政策效应的模拟分析[J]. 数量经济技术经济研究, 23（3）：15-23.
刘玉瑛, 赵长芬, 甘守义. 2014. 做好群众工作60法[M]. 北京：新华出版社.
刘正周. 2012. 联村联户是实现与全国同步进入小康社会的有效载体[J]. 发展,（9）：9-10.
龙春霞. 2010. 农村生产性公共产品筹资制度的变迁与创新：以河北省为例[J]. 西部论丛,

20（2）：46-50.

卢怀科. 2015. 新形势下"践行群众路线"保障机制研究[D]. 华东交通大学硕士论文.

芦千文. 2016. 我国农业生产性服务业支持政策的回顾与述评[J]. 农业经济与管理，（2）：95-100.

芦千文，高鸣. 2020. 中国农业生产性服务业支持政策的演变轨迹、框架与调整思路[J]. 南京农业大学学报（社会科学版），20（5）：142-155.

芦千文，韩馥冰. 2023. 农业生产性服务业：世界历程、前景展望与中国选择[J]. 世界农业，（5）：32-43.

罗丽英，姚卫. 2012. 公共物品的需求显示机制理论研究[J]. 经济学动态，（11）：45-48.

罗平汉. 2013. 中国共产党群众路线思想史[M]. 北京：人民出版社.

罗仁福，张林秀，黄季焜，等. 2006. 村民自治、农村税费改革与农村公共投资[J]. 经济学（季刊），5（3）：1295-1310.

罗万纯. 2013. 中国农民职业技能培训状况分析[J]. 中国农村观察，（2）：21-28，93-94.

罗万纯. 2014. 中国农村生活环境公共服务供给效果及其影响因素：基于农户视角[J]. 中国农村经济，（11）：65-72.

罗万纯，陈怡然. 2015. 农村公共物品供给：研究综述[J]. 中国农村观察，（6）：84-91，97.

吕健丞，李兴华. 2008. 基于农民需求意愿的农村公共产品供给决策制度创新[J]. 农业科技管理，27（5）：73-76.

吕明君. 2009. 山东省农村生产性公共产品供给研究[D]. 山东农业大学硕士学位论文.

马得勇. 2007. 政治信任及其起源：对亚洲8个国家和地区的比较研究[J]. 经济社会体制比较，（5）：79-86.

马光荣，杨恩艳. 2010. 打到底线的竞争：财政分权、政府目标与公共品的提供[J]. 经济评论，（6）：59-69.

马赟. 2014. 新形势下群众工作方法的有益探索：宝鸡市推行"三问三解"联系群众工作法[J]. 领导科学论坛，（18）：40-41.

毛泽东. 1991. 毛泽东选集[M]（第三卷）. 北京：人民出版社.

毛泽东. 1993. 经济问题与财政问题（节选）[M]//中共中央文献研究室. 毛泽东文集第二卷. 北京：人民出版社.

孟建柱. 2011. 继承和发扬密切联系群众的优良传统着力提高做好新形势下群众工作的能力和水平[J]. 求是，（11），3-5.

孟天广. 2014. 转型期的中国政治信任：实证测量与全貌概览[J]. 华中师范大学学报（人文社会科学版），53（2）：1-10.

孟天广，杨明. 2012. 转型期中国县级政府的客观治理绩效与政治信任：从"经济增长合法性"到"公共产品合法性"[J]. 经济社会体制比较，（4）：122-135.

缪勒 D C. 2010. 公共选择理论[M]. 3版. 韩旭，杨春学，等译. 北京：中国社会科学出版社.

倪峰. 2007. 新农村建设中的农村生产性公共产品供给问题分析[D]. 华中师范大学硕士学位论文.

宁骚. 2003. 公共政策学[M]. 北京：高等教育出版社.

权衡. 2013. 中国经济崛起之谜：制度建构与政党作用[J]. 毛泽东邓小平理论研究，（2）：21-26，90.

任勤. 2007. 完善和创新农村公共产品的需求表达机制与决策机制[J]. 福建论坛（人文社会科学

版），（9）：29-32.

沈燕培. 2014. 党的群众路线：党章修订中的三个历史时刻与实践创新[J]. 常州大学学报（社会科学版），15（1）：21-24，28.

盛洪. 2003-01-27. 让农民自己代表自己[N]. 经济观察报（济南）（B2）.

石洪斌. 2009. 农村公共物品供给研究[M]. 北京：科学出版社.

宋杉歧. 1999. 农村政策执行影响因素分析[J]. 石家庄师范专科学校学报，1（2）：10-12.

宋紫峰，周业安，何其新. 2011. 不平等厌恶和公共品自愿供给：基于实验经济学的初步研究[J]. 管理世界，（12）：32-39，54，187.

苏若群，姚金果. 2014. 不同时期群众路线诸要素的不同特点[J]. 理论探讨，(2)：140-143.

睢党臣，张朔婷，刘玮. 2015. 农村公共服务质量评价与提升策略研究：基于改进的 Servqual 模型[J]. 统计与信息论坛，30（4）：83-89.

孙翠清，林万龙. 2008. 农户对农村公共服务的需求意愿分析：基于一项全国范围农户调查的实证研究[J]. 中国农业大学学报（社会科学版），25（3）：134-143.

孙永朋，吴卫成，卫新，等. 2012. 欠发达地区农业技术培训需求与对策：以浙江省欠发达地区为例[J]. 农村经济，(3)：94-97.

谭利，江月. 2012. 节能减排政策传导机制及效果研究：以重庆市节能减排政策体系为例[J]. 生态经济，(5)：88-93，98.

谭秋成. 2008. 农村政策为什么在执行中容易走样[J]. 中国农村观察，(4)：2-17，80.

唐娟莉，刘春梅，朱玉春. 2011. 农村公共服务满意度与优先序的实证分析：基于陕西省农户层面的实地调研[J]. 华东经济管理，25（11）：99-102.

唐兴霖，唐琪. 2010. 中国政府绩效评估研究综述[J]. 学术研究，(11)：75-80.

陶正付. 2013. 新时期群众路线的创新与实践：以山东省曲阜市第一书记"1+1"制度为例[J]. 今日中国论坛，(S1)：8-11.

田娇，张德锦. 2020. 乡村振兴视角下农村生产性服务的强农逻辑、供给失灵与系统构建[J]. 中共太原市委党校学报，(4)：31-34.

田旭明. 2014. 新时期党的群众路线：价值拓展、原则定位和制度依托[J]. 湖湘论坛，27（1）：25-29.

托马斯. J C. 2005. 公共决策中的公民参与：公共管理者的新技能与新策略[M]. 孙柏瑛译. 北京：中国人民大学出版社.

万建香. 2011. 环境政策促进区域经济发展的传导机制研究[D]. 江西财经大学博士论文.

汪志芳. 2006. 农村公共产品需求表达机制研究[D]. 华中科技大学硕士学位论文.

王爱琴，高秋风，史耀疆，等. 2016. 农村生活垃圾管理服务现状及相关因素研究：基于 5 省 101 个村的实证分析[J]. 农村经济问题，37（4）：30-38，111.

王春福. 2006. 构建和谐社会与完善利益表达机制[J]. 中共中央党校学报，10（3）：19-24.

王春福. 2009. 公共政策的回应机制与公共秩序[J]. 江西行政学院学报，11（2）：5-8.

王春娟. 2012. 农民公共产品需求表达机制的建构：基于公共选择的视角[J]. 农村经济，(9)：22-25.

王海. 2020. 中国共产党群众路线的理论与实践研究[M]. 北京：中国社会科学出版社.

王海员，陈东平. 2012. 村庄民主化治理与农村公共品供给[J]. 中国农村经济，(6)：72-84，96.

王华华. 2015. 培育"嵌入式"群众路线典型实践的探索与启示：以"苏南模式"的无锡为例[J]. 安徽行政学院学报，6（1）：11-15.

王建江,李光辉,孙玲玲,等.2013.深入开展基层建设年活动,为民务实、清廉群众路线教育实践调查研究:以河北省承德市为例[J].学理论,(21):22-23.

王陇德.2005.用改革解决发展中的问题[J].中国卫生,(10):10-12.

王洛忠.2005.我国转型期公共政策过程中的公民参与研究:一种利益分析的视角[J].中国行政管理,(8):86-88.

王谦,李锦红,2006,政府部门公众满意度评价的一种有效实现途径[J].中国行政管理,(1):33-35.

王谦.2008.基于农民视角的农村公共服务供给合意度和需求程度分析:以山东省三县市的调研为例[J].山东社会科学,(3):152-155.

王士如.2007.政府决策中的公众参与和利益表达:解决民生问题的政治思考[R].上海市社会科学界第五届学术年会文集(2007年度)(政治·法律·社会学科卷):109-117.

王淑娜,姚洋.2007.基层民主和村庄治理:来自8省48村的证据[J].北京大学学报(哲学社会科学版),44(2):121-130.

王婷鹤.2015.中国共产党群众路线教育实践活动制度化研究[D].兰州大学硕士学位论文.

王修智.1996.市场经济与群众路线[J].发展论坛,(1):50-52.

王雨婷.2011.农村公共服务性质类别:现实政府供给模式研究综述[J].思想战线,37(S1):292-294.

王正绪,苏世军.2011.亚太六国国民对政府绩效的满意度[J].经济社会体制比较,(1):99-109.

韦章华,李旎.2014."为民务实清廉"春风扑面来:望谟县党的群众路线教育实践活动综述[J].当代贵州,(26):36-37.

卫龙宝,张菲.2012.农村基层治理满意程度及其影响因素分析:基于公共物品供给的微观视角[J].中国农村经济,(6):85-96.

魏后凯.2011.现代区域经济学[M].修订版.北京:经济管理出版社.

魏后凯.2016.新常态下中国城乡一体化格局及推进战略[J].中国农村经济,(1):2-16.

魏后凯,黄秉信,李国祥,等.2020.农村绿皮书:中国农村经济形势分析与预测(2019~2020)[M].北京:社会科学文献出版社.

吴寒斌.2014.党的群众路线教育实践活动长效机制研究[D].南昌大学博士学位论文.

吴玉宗.2004.服务型政府:概念、内涵与特点[J].西南民族大学学报(人文社科版),25(2):406-410.

习近平.2013.深入扎实开展党的群众路线教育实践活动[J].思想政治工作研究,(7):1.

夏玉珍,杨永伟.2014.淡漠与需求:农村公共服务表达问题研究[J].中南民族大学学报(人文社会科学版),34(6):88-92.

肖唐镖,王欣.2010.中国农民政治信任的变迁:对五省份60个村的跟踪研究(1999~2008)[J].管理世界,(9):88-94.

肖唐镖.2010.社会稳定格局变迁的影响因素分析:以近30年来农村稳定为例[J].学习与探索,(2):54-56.

肖唐镖,王欣.2011."民心"何以得或失:影响农民政治信任的因素分析:五省(市)60村调查(1999~2008)[J].中国农村观察,(6):75-82,96.

谢明.2002.公共政策导论[M].北京:中国人民大学出版社.

休斯O E.2001.公共管理导论[M].彭和平,等译.北京:中国人民大学出版社.

徐友浩,吴延兵.2004.顾客满意度在政府绩效评估中的运用[J].天津大学学报(社会科学版),

6（4）：325-328.
严强，王强. 2002. 公共政策学[M]. 南京：南京大学出版社.
严荣. 2002. 论公共政策的有效传导[D]. 南京大学硕士学位论文.
阎坤，王进杰. 2000. 公共品偏好表露与税制设计研究[J]. 经济研究，35（10）：61-66.
颜媛媛，张林秀，罗斯高，等. 2006. 新型农村合作医疗的实施效果分析：来自中国 5 省 101 个村的实证研究[J]. 中国农村经济，（5）：64-71.
杨丹，章元. 2009. 选民需求的异质性与公共品供给：来自中国农村的证据[J]. 中国农村观察，（5）：64-70，97.
杨艳秋. 2015. 农村生产性公共产品供给效率研究：以安徽省为例[D]. 安徽大学硕士论文.
杨宜勇，邢伟. 2016. 公共服务体系的供给侧改革研究[J]. 人民论坛：学术前沿，（5）：70-83.
杨云帆，罗仁福，张林秀，等. 2015. 农村村级公共投资结构与变迁：基于 5 省 101 村的长期跟踪调查[J]. 中国农村经济，（1）：73-84.
叶春晖. 2007. 农村垃圾处理服务供给的决定因素分析[J]. 农业技术经济，（3）：10-16.
叶大凤. 2006. 论公共政策执行过程中的公民参与[J]. 北京大学学报，43（S1）：64-69.
叶敏，彭妍. 2010. "央强地弱" 政治信任结构的解析：关于央地关系一个新的阐释框架[J]. 甘肃行政学院学报，（3）：49-57.
衣俊卿，周凡. 2012. 新马克思主义评论[M]. 北京：中央编译出版社.
易红梅，张林秀，Hare D，等. 2008. 农村基础设施投资与农民投资需求的关系：来自 5 省的实证分析[J]. 中国软科学，（11）：106-115，148.
易红梅，张林秀，罗仁福，等. 2011. 新型农村合作医疗：农民认知与受益调查[J]. 人口学刊，33（1）：47-53.
尹文静，McConnel T. 2012. 农村公共投资对农民生产投资影响的区域差异：基于卡尔曼滤波的时序列分析[J]. 中国农村观察，（3）：63-70.
尹文静，McConnel T. 2015. 农村公共投资对农民收入影响地域差异的时变分析[J]. 河北经贸大学学报，36（1）：40-45.
游宇，王正绪. 2014. 互动与修正的政治信任：关于当代中国政治信任来源的中观理论[J]. 经济社会体制比较，（2）：178-193.
于浩，2013. 服务型政府的支撑性制度资源研究综述：以农村公共服务的有效供给为视角[J]. 思想战线，39（S1）：86-88.
于奎，2005. 关于农村公共产品问题的研究综述[J]. 经济学动态，（7）：67-70.
于善甫. 2022. 农业生产性服务业：乡村振兴的重要抓手[J]. 乡村振兴，（1）：88-90.
余凌. 2012. 我国农村生产性公共产品投入效果评价及政策建议[J]. 农村经济，（4）：69-72.
余逊达. 2011. 群众路线，全球视野与党的领导[J]. 经济社会体制比较，（4）：7-11.
俞锋，董维春，周应恒. 2008. 农村生产性公共产品需求的归因与实证：以常州农田水利设施为例[J]. 安徽农业科学，36（36）：16205-16208.
郁建兴，高翔. 2009. 农业农村发展中的政府与市场、社会：一个分析框架[J]. 中国社会科学，（6）：89-103，206-207.
原毅军，耿殿贺. 2010. 环境政策传导机制与中国环保产业发展：基于政府、排污企业与环保企业的博弈研究[J]. 中国工业经济，（10）：65-74.
岳书铭. 2007. 农村公共品供求均衡机制研究[D]. 山东农业大学博士学位论文.
曾从钦，刘龙泉. 2001. "连心" 工程：与群众心连心[J]. 四川党的建设（农村版），（10）：23.

参考文献

曾莉. 2006. 基于公众满意度导向的政府绩效评估[J]. 学术论坛, (6): 48-51.

张军, 何寒熙. 1996. 中国农村的公共产品供给: 改革后的变迁[J]. 改革, (5): 50-57.

张康之. 2006. 把握服务型政府研究的理论方向[J]. 人民论坛, (5): 10-13.

张立恒, 2002, 深怀爱民心: 丰南市黑沿子镇实施"连心工程"的调查[J]. 共产党员(河北), (3): 18-19.

张立荣, 李名峰. 2012. 满意度和需求度二维耦合视角下的农村公共服务现状研究: 以湖北省为例[J]. 中国行政管理, (2): 114-118.

张立荣, 李军超, 樊慧玲. 2011. 基于收入差别的农村公共服务需求偏好与满意度研究[J]. 中国行政管理, (10): 118-122.

张丽丽. 2013. 我国节能减排政策传导机制及实施效应评价研究: 以电力行业为例[D]. 青岛科技大学硕士学位论文.

张莉娣. 2014. 农村公共服务供给中基层政府的角色定位研究: 以江苏H市Y镇为例[D]. 华东理工大学硕士学位论文.

张林秀, 李强, 罗仁福, 等. 2005. 中国农村公共物品投资情况及区域分布[J]. 中国农村经济, (11): 18-25.

张林秀, 罗仁福, 刘承芳, 等. 2005. 中国农村社区公共物品投资的决定因素分析[J]. 经济研究, 40 (11): 156.

张露, 郭晴, 张俊飚, 等. 2017. 农户对气候灾害响应型生产性公共服务的需求及其影响因素分析: 基于湖北省十县(区、市)百组千户的调查[J]. 中国农村观察, (3): 102-116.

张素罗, 张义珍. 2007. 农村公共产品的需求分析: 基于河北保定120个农户的调查[J]. 经济问题, (4): 76-78.

张文礼, 吴光芸. 2007. 论服务型政府与公共服务的有效供给[J]. 兰州大学学报(社会科学版), 35 (3): 96-102.

张晓波, 樊胜根, 张林秀, 等. 2003. 中国农村基层治理与公共物品提供[J]. 经济学(季刊), (3): 947-960.

张益丰, 张少军. 2009. 中国农村公共产品供给架构建设: 基于发展视角的分析[J]. 经济学家, (2): 37-47.

赵宇, 姜海臣. 2007. 基于农民视角的主要农村公共品供给情况: 以山东省11个县(市)的32个行政村为例[J]. 中国农村经济, (5): 52-62.

郑方辉, 李旭辉. 2007. 民意调查与公共政策评价[J]. 江汉论坛, (3): 17-20.

郑永年. 2009. 信息缺乏与信任危机[J]. 人民论坛, (21): 38.

支勉, 朱玉春. 2014. 小型农田水利设施农户需求影响因素研究[J]. 北方园艺, (14): 213-218.

中共襄樊市委组织部, 中共宜城市委组织部. 1998. 实施"五字连心工程"推动农村经济发展[J]. 农村经济与科技, (9): 11-12.

中共中央党校党章研究课题组. 2008. 中国共产党章程编介(从一大到十七大)[M]. 北京: 党建读物出版社.

中国改革发展研究院. 2008. 中国人类发展报告2007\08: 惠及13亿人的基本公共服务[M]. 北京: 中国对外翻译出版公司.

中国经济增长前沿课题组, 张平, 刘霞辉, 等. 2014. 中国经济增长的低效率冲击与减速治理[J]. 经济研究, 49 (12): 4-17, 32.

周黎安, 陈伟. 2015. 县级财政负担与地方公共服务: 农村税费改革的影响[J]. 经济学(季刊),

14（2）：417-434.

周贤山，吴永胜. 2015. 五大机制构建实践群众路线的运行模式：南京建立践行群众路线长效机制的探索[J]. 中共南京市党校学报，（1）：101-107.

周玉玺，岳书铭，刘光俊. 2012. 新农村建设中农民选择偏好与支付意愿调查研究：山东省东部地区的证据[J]. 山东农业大学学报（社会科学版），14（2）：18-23，125.

朱光磊. 2013. 服务型政府建设规律研究[M]. 北京：经济科学出版社.

朱守银. 2000. 中国农村城镇化进程中的改革问题研究[J]. 中国农村观察，（6）：2-24，78.

朱玉春，唐娟莉，罗丹. 2011. 农村公共品供给效果评估：来自农户收入差距的响应[J]. 管理世界，（9），74-80.

朱玉春，唐娟莉，郑英宁. 2010. 欠发达地区农村公共服务满意度及其影响因素分析：基于西北五省1478户农户的调查[J]. 中国人口科学，（2）：82-91，112.

朱玉春，王蕾. 2014. 不同收入水平农户对农田水利设施的需求意愿分析：基于陕西、河南调查数据的验证[J]. 中国农村经济，（1）：76-86.

祝灵君，齐大辉. 2013. 新形势下做好群众工作的艺术与方法创新[M]. 2版. 北京：中共中央党校出版社.

庄丽娟，贺梅英. 2010. 我国荔枝主产区农户技术服务需求意愿及影响因素分析[J]. 农业经济问题，31（11）：61-66.

庄丽娟，贺梅英，张杰. 2011. 农业生产性服务需求意愿及影响因素分析：以广东省450户荔枝生产者的调查为例[J]. 中国农村经济，（3）：70-78.

邹凯，马葛生，苏鹏. 2008. 基于LISREL的社区服务公众满意度测评研究[J]. 中国管理科学，16（S1）：634-638.

邹凯，马葛生. 2009. 社区服务公众满意度测评研究[J]. 中国软科学，（3）：62-67.

Aschauer D A. 1989. Is public expenditure productive？[J]. Journal of Monetary Economics，23（2）：177-200.

Azfar O，Kahkonen S，Meagher P. 2001. Conditions for effective decentralized governance：a synthesis of research findings[R]. University of Maryland，Center for Institutional Reform and the Informal Sector：256.

Bandura A. 2002. Social cognitive theory in cultural context[J]. Applied Psychology，51（2），269-290.

Bandura A. 2011. The Social and Policy Impact of Social Cognitive Theory [M]//Mark M M，Donaldson S I，Campbell B. Social psychology and evaluation. New York：The Guilford Press：31-71.

Banerjee A V，Duflo E. 2011. Poor Economics：a Radical Rethinking of the Way to Fight Global Poverty[M]. New York：PublicAffairs.

Blecher M. 1979. Consensual politics in rural Chinese communities：the mass line in theory and practice[J]. Modern China，5（1）：105-126.

Brown T L. 2001. Contracting out by local governments in transitioning nations：the role of technical assistance in ukraine[J]. Administration & Society，32（6）：728-755.

Clarke E H. 1971. Multipart pricing of public goods[J]. Public Choice，11（1）：17-33.

Cohen J M. 1995. Capacity building in the public sector：a focused framework for analysis and action[J]. International Review of Administrative Sciences，61（3）：407-422.

Cole R L，Kincaid J. 2000. Public opinion and American federalism：perspectives on Taxes， spending, and trust—an ACIR update[J]. The Journal of Federalism, 30 (1): 189-201.

Devereux P J, Weisbord B A. 2006. Does "satisfaction" with local public services affect complaints (voice) and geographic mobility (exit) ? [J]. Public Finance Review, 34 (2): 123-147.

Dowding K, Mergoupis T. 2003. Fragmentation, fiscal mobility, and efficiency[J]. The Journal of Politics, 65 (4): 1190-1207.

Fan S, Pardey P. 1992. Agricultural Research in China: its Institutional Development and Impact [M]. The Hague: International Service for National Agricultural Research.

Groves T, Loeb M. 1975. Incentives and public inputs[J]. Journal of Public Economics, 4 (3): 211-226.

Guiso L, Sapienza P, Zingales L. 2006. Does culture affect economic outcomes? [J]. Journal of Economic Perspectives, 20 (2): 23-48.

Haddad L, Kato H, Meisel N. 2015.Growth is dead, long live growth: the quality of economic growth and why it matters[M].Tokyo: JICA Research Institute.

Hauck B. 2020. The shared time of the mass line: economics, politics and participation in a Chinese village[J]. Javnost - the Public, 27 (2): 186-199.

Huang J K, Rozelle S. 1996, Technological change: rediscovering the engine of productivity growth in China's rural economy[J]. Journal of Development Economics, 49 (2): 337-369.

Joseph E, Stiglitz. 1999. Economics of the Public Sector[M]. 3rd ed. New York: W. W. Norton & Company.

Kanbur R, Zhang X B. 2005. Fifty years of regional inequality in China: a journey through central planning, reform, and openness[J]. Review of Development Economics, 9 (1): 87-106.

Kathryn N E. 1997. Using performance measurement to improve programs[J]. New directions for evaluation, 75: 5-14.

Laudal T. 2019. New Approach to the Economics of Public Goods[M]. 1st ed. London: Routledge.

Li L J. 2004. Political trust in rural China[J]. Modern China, 30 (2): 228-258.

Li Y T. 2016. Implementing the mass line in criminal investigation in China: a theoretical and empirical study [M]. London: LAP LAMBERT Academic Publishing.

Martinez-Vazquez J, McNab R M. 2003. Fiscal decentralization and economic growth[J], World Development, 31 (9): 1597-1616.

McGuire WJ. 1985. The Handbook of Social Psychology: Special Fields and Applications[M]. 3rd ed. New York: Random House: 233-346

Morrison C J, Schwartz A E.1996. Public Infrastructure, private input demand and economic performance in new England manufacturing[J]. Journal of Business and Economic Statistics, 14 (1): 91-101.

Newcomer K E. 1997. Using performance measurement to improve programs[J]. New Directions for Evaluation, (75): 5-14.

Niskanen W A. 1971. Bureaucracy and Representative Government [M]. New York: Aldine -Atherton.

O'Brien K J, Li L J. 1999. Selective policy implementation in rural China[J]. Comparative Politics, 31 (2): 167.

Oakerson R J. 1999. Governing local public economies: creating the civic metropolis[M]. Oakland, California: ICS Press.

Perkins D, Yusuf S. 1984. Rural Development in China[M]. Baltimore: The Johns Hopkins University Press.

Petty R E, Cacioppo J T. 1990. Involvement and persuasion: tradition versus integration[J]. Psychological Bulletin, 107 (3): 367-374.

Petty R E, Cacioppo J T, Goldman R. 1981. Personal involvement as a determinant of argument-based persuasion[J]. Journal of Personality and Social Psychology, 41 (5): 847–855.

Qiao Z, Li Y M, Wong W K. 2008. Policy change and lead–lag relations among China's segmented stock markets[J]. Journal of Multinational Financial Management, 18 (3): 276-289.

Romer D. 2012. Advanced Macroeconomics. Fourth edition[M]. New York: McGraw-Hill.

Samuelson P A. 1954. The pure theory of public expenditure[J]. The Review of Economics and Statistics, 36 (4): 387-389.

Samuelson, Paul A. 1955. The new look in tax and fiscal policy[R]//Joint Committee on the Economic Report. Federal Tax Policy for Economic Growth and Stability.

Schario T, Konisky D. 2008. Public confidence in government: trust and responsiveness[M]. Columbia: Public Policy publications (MU).

Stiglitz J. 1999. Public policy for a knowledge economy remarks at the department for trade and industry and center for economic policy research[J]. 27: 1-28.

Tibeout C M. 1956. A pure theory of local expenditures[J]. Journal of Political Economy, 64 (5): 416 -424.

Tibeout C M. 1957. Location theory, empirical evidence, and economic evolution[J]. Regional Science Association Proceedings, 3 (1): 74-86.

Wang A, Shi Y, Gao Q, et al. 2016. Trends and determinants of rural residential solid waste collection services in China[J]. China Agricultural Economic Review, 8 (4): 698-710.

Wang S S, Firth M. 2004. Do bears and bulls swim across oceans? Market information transmission between greater China and the rest of the world[J]. Journal of International Financial Markets, Institutions and Money, 14 (3): 235-254.

WHO. 2006. Tough Choices: Investing in Health for Development[M]. Switzerland: WHO Press.

Williamson O E. 1985. The Economic Institutions of Capitalism[M]. New York: Free Press.

World Bank. 2007. China: Public Services for Building the New Socialist Countryside[M]. Washington, DC: World Bank Press.

附　　录

附录1　县农业干部问卷

第一部分　县农业局干部基本情况

问题	选项	答案
您的性别	1＝男　　　2＝女	
您的年龄	岁	
您是否是党员	1＝是　　　2＝否	
您的文化程度	0＝没上过学　1＝小学　　2＝初中　3＝高中或中专 4＝大专　　　5＝大学本科　6＝研究生及以上	
您获得第一学历是哪一年	年	
您获得最高学历是哪一年	年	
迄今为止，您参加工作多少年了	年	
您从事农业部门工作有多少年	年	
您是否曾在乡镇工作过	1＝是　　　2＝否	
在您所在的科室，您具体负责什么工作（可多选）	1＝农产品产供销　　2＝农药监测　　3＝种子监测　　4＝化肥监测 5＝饲料监测　　　　6＝测土配方施肥　7＝农作物病虫害防治 8＝农业灾害评估　　9＝地膜覆盖技术　10＝新品种栽培管理 11＝农机具管理　　12＝农业技术培训　13＝农业基础设施建设 14＝农资打假　　　15＝其他，请说明	

第二部分　县农业局干部职能范围

问题	选项	答案
2012年，您是否承担过以下工作		
农产品产供销	1＝做过　　　2＝没做过	
农药监测	1＝做过　　　2＝没做过	
种子监测	1＝做过　　　2＝没做过	
化肥监测	1＝做过　　　2＝没做过	

续表

第二部分　县农业局干部职能范围				
2012年，您是否承担过以下工作				
问题	选项		答案	
饲料监测	1=做过	2=没做过	
测土配方施肥	1=做过	2=没做过	
农作物病虫害防治	1=做过	2=没做过	
农业灾害评估	1=做过	2=没做过	
地膜覆盖技术	1=做过	2=没做过	
新品种栽培管理	1=做过	2=没做过	
农机具管理	1=做过	2=没做过	
农业技术培训	1=做过	2=没做过	
农业基础设施建设	1=做过	2=没做过	
农资打假	1=做过	2=没做过	
2012年，贵局是否对乡干部做过以下培训				
地膜覆盖技术	1=有	2=没有	
农机具使用	1=有	2=没有	
良种引进	1=有	2=没有	
测土配方施肥	1=有	2=没有	
农药喷洒技术	1=有	2=没有	
农作物病虫灾害防治技术	1=有	2=没有	
科学灌溉	1=有	2=没有	
药剂拌种	1=有	2=没有	
饲料配伍	1=有	2=没有	
新品种栽培管理技术	1=有	2=没有	
农产品仓储技术	1=有	2=没有	
大棚种植技术	1=有	2=没有	
2012年，贵局是否对农户进行过以下实地培训				
地膜覆盖技术	1=有	2=没有	
农机具使用	1=有	2=没有	

续表

第二部分 县农业局干部职能范围

2012年，贵局是否对农户进行过以下实地培训

问题	选项	答案
良种引进	1 = 有　　　　　　2 = 没有	
测土配方施肥	1 = 有　　　　　　2 = 没有	
农药喷洒技术培训	1 = 有　　　　　　2 = 没有	
农作物病虫害防治技术	1 = 有　　　　　　2 = 没有	
科学灌溉	1 = 有　　　　　　2 = 没有	
药剂拌种	1 = 有　　　　　　2 = 没有	
饲料配伍	1 = 有　　　　　　2 = 没有	
新品种栽培管理技术	1 = 有　　　　　　2 = 没有	
农产品仓储技术	1 = 有　　　　　　2 = 没有	
大棚种植技术	1 = 有　　　　　　2 = 没有	

问题	选项	答案
2012年，您因处理农业、农民问题去乡镇政府的次数（请填数字）	0 = 没有去过　　1 = 1次　　2 = 2次　　3 = 3次 4 = 4次　　5 = 5次　　6 = 6次及以上	
平均而言，2012年您每次在乡镇政府停留多长时间	0 = 没有停留 1 = 1小时以内 2 = 2小时以内 3 = 3小时以内 4 = 4小时以内 5 = 5小时以内 6 = 8小时以内 7 = 1天以上	
2012年，您有没有因处理农业、农民问题在乡镇住过	0 = 没住过 1 = 在乡政府办公宿舍住过 2 = 在乡镇宾馆住过	
2012年，您有没有因处理农业、农民问题在乡镇吃过饭（可多选）	0 = 没吃过 1 = 在乡镇政府食堂吃过 2 = 在乡镇饭店吃过 3 = 在乡镇农家乐吃过	
2012年，您因处理农业、农民问题在乡镇的吃饭费用，由谁支付（单选）	0 = 没吃过　　1 = 乡政府 2 = 乡干部　　3 = 自己支付 4 = 农业局	
您过去三年（不包括2012年）有没有因处理农业、农民问题在乡镇住过	0 = 没住过　　1 = 在乡政府办公宿舍住过 2 = 在乡镇宾馆住过	

续表

第二部分 县农业局干部职能范围		
2012年，贵局是否对农户进行过以下实地培训		
问题	选项	答案
您有没有听说您单位的同事因处理农业、农民问题在乡镇政府办公宿舍住过	1＝听说过 2＝没听说过	
2012年，您因处理农业、农民问题去村庄的次数（请填数字）	0＝没有去过　1＝1次　　2＝2次 3＝3次　　　4＝4次　　5＝5次 6＝6次及以上	
平均而言，2012年，您每次在村庄停留多长时间	0＝没有停留　　1＝1小时以内 2＝2小时以内　3＝3小时以内 4＝4小时以内　5＝5小时以内 6＝8小时以内　7＝1天以上	
2012年，您有没有因处理农业、农民问题在村庄住过	0＝没住过 1＝住在村干部家里 2＝住在农户家里 3＝住在村里的农家乐	
2012年，您有没有因处理农业、农民问题在村里吃过饭	0＝没吃过 1＝在村干部家里吃过 2＝在农家乐吃过 3＝在农户家里吃过	
2012年，您因处理农业、农民问题在村里吃饭的费用由谁支付（单选）	0＝没吃过　1＝乡政府　2＝乡干部　3＝自己支付 4＝农户　　5＝农业局　6＝村委会　7＝村干部	
2012年，您是否有过因处理与农业相关问题和农民一起在田间工作2小时以上	1＝有　　　　2＝没有	
您过去三年（不包括2012年）是否因处理与农业相关问题和农民一起在田间工作2小时以上	1＝有　　　　2＝没有	
您过去三年（不包括2012年）有没有因处理农业、农民问题在村庄住过	0＝没住过　　　1＝住在村干部家里 2＝住在农户家里　3＝住在村里的农家乐	
您有没有听说您单位的同事因处理农业、农民问题在农户家里住过	1＝听说过 2＝没听说过	
在联村联户工程中，您负责联几个村	个	
您总共负责联几户	户	

第三部分　县农业局干部估计农民对您自己工作的评估

估计农民对县农业局提供的服务的了解和满意程度

服务类别	A、您估计农民是否了解县农业局提供的以下服务？ 1＝完全不了解 2＝不太了解 3＝比较了解 4＝非常了解 99＝不知道	B、你估计农民对县农业局提供的服务的满意程度？ 1＝完全不满意 2＝不太满意 3＝无所谓 4＝比较满意 5＝非常满意 99＝不知道	C、与过去3年相比，您估计农民对县农业局提供的服务的满意程度的变化？ 1＝比过去差 2＝和过去一样 3＝比过去好
农产品产供销			
农药监测			
种子监测			

续表

第三部分 县农业局干部估计农民对您自己工作的评估			
估计农民对县农业局提供的服务的了解和满意程度			
服务类别	A、您估计农民是否了解县农业局提供的以下服务？ 1＝完全不了解 2＝不太了解 3＝比较了解 4＝非常了解 99＝不知道	B、你估计农民对县农业局提供的服务的满意程度？ 1＝完全不满意 2＝不太满意 3＝无所谓 4＝比较满意 5＝非常满意 99＝不知道	C、与过去3年相比，您估计农民对县农业局提供的服务的满意程度的变化？ 1＝比过去差 2＝和过去一样 3＝比过去好
化肥监测			
饲料监测			
测土配方施肥			
农作物病虫害防治			
农业灾害评估			
地膜覆盖技术			
新品种栽培管理			
农机具管理			
农业技术培训			
农业基础设施建设			
农资打假			
问题	选项		答案
您估计在县农业局提供的以下服务中，农民最了解的三项服务是什么（请按照您估计农民的了解程度排序）	1＝农产品产供销　2＝农药监测 3＝种子监测　　　4＝化肥监测 5＝饲料监测　　　6＝测土配方施肥 7＝农作物病虫害防治　8＝农业灾害评估 9＝地膜覆盖技术　10＝新品种栽培管理 11＝农机具管理　　12＝农业技术培训 13＝农业基础设施建设　14＝农资打假		最了解_____ 第二了解_____ 第三了解_____
您估计在县农业局提供的以下服务中，农民最不了解的三项服务是什么（请按照您估计农民的不了解程度排序）	1＝农产品产供销　2＝农药监测 3＝种子监测　　　4＝化肥监测 5＝饲料监测　　　6＝测土配方施肥 7＝农作物病虫害防治　8＝农业灾害评估 9＝地膜覆盖技术　10＝新品种栽培管理 11＝农机具管理　　12＝农业技术培训 13＝农业基础设施建设　14＝农资打假		最不了解_____ 第二不了解_____ 第三不了解_____
您估计在县农业局提供的以下服务中，农民最满意的三项服务是什么（请按照您估计农民的满意程度排序）	1＝农产品产供销　2＝农药监测 3＝种子监测　　　4＝化肥监测 5＝饲料监测　　　6＝测土配方施肥 7＝农作物病虫害防治　8＝农业灾害评估 9＝地膜覆盖技术　10＝新品种栽培管理 11＝农机具管理　　12＝农业技术培训 13＝农业基础设施建设　14＝农资打假		最满意_____ 第二满意_____ 第三满意_____

续表

第三部分 县农业局干部估计农民对您自己工作的评估

问题	选项	答案
您估计在县农业局提供的以下服务中，农民最不满意的三项服务是什么（请按照您估计农民的不满意程度排序）	1＝农产品产供销　2＝农药监测 3＝种子监测　　4＝化肥监测 5＝饲料监测　　6＝测土配方施肥 7＝农作物病虫害防治　8＝农业灾害评估 9＝地膜覆盖技术　10＝新品种栽培管理 11＝农机具管理　12＝农业技术培训 13＝农业基础设施建设　14＝农资打假	最不满意____ 第二不满意____ 第三不满意____
您估计农民对县农业局提供服务的满意度打多少分（请在右边量表中选择一个数字表示您估计农民的满意程度，0代表最不满意，10代表最满意）	最不满意　　　　　　　　　　　最满意 | 0 | 1 | 2 | 3 | 4 | 5 | 6 | 7 | 8 | 9 | 10 |	
您估计在县农业局提供的以下服务中，农民最需要的三项服务是什么（请按照您估计农民的需要程度排序）	1＝农产品产供销　2＝农药监测 3＝种子监测　　4＝化肥监测 5＝饲料监测　　6＝测土配方施肥 7＝农作物病虫害防治　8＝农业灾害评估 9＝地膜覆盖技术　10＝新品种栽培管理 11＝农机具管理　12＝农业技术培训 13＝农业基础设施建设　14＝农资打假	最需要____ 第二需要____ 第三需要____
您估计在县农业局提供的以下服务中，农民最不需要的三项服务是什么（请按照您估计农民的不需要程度排序）	1＝农产品产供销　2＝农药监测 3＝种子监测　　4＝化肥监测 5＝饲料监测　　6＝测土配方施肥 7＝农作物病虫害防治　8＝农业灾害评估 9＝地膜覆盖技术　10＝新品种栽培管理 11＝农机具管理　12＝农业技术培训 13＝农业基础设施建设　14＝农资打假	最不需要 ———— 第二不需要 ———— 第三不需要 ————

第四部分 县农业局估计村干部对您自己工作的评估

问题	选项	答案
您估计在县农业局提供的以下服务中，村干部最了解的三项服务是什么（请按照您估计村干部的了解程度排序）	1＝农产品产供销　2＝农药监测 3＝种子监测　　4＝化肥监测 5＝饲料监测　　6＝测土配方施肥 7＝农作物病虫害防治　8＝农业灾害评估 9＝地膜覆盖技术　10＝新品种栽培管理 11＝农机具管理　12＝农业技术培训 13＝农业基础设施建设　14＝农资打假	最了解 ———— 第二了解 ———— 第三了解 ————
您估计在县农业局提供的以下服务中，村干部最不了解的三项服务是什么（请按照您估计村干部的不了解程度排序）	1＝农产品产供销　2＝农药监测 3＝种子监测　　4＝化肥监测 5＝饲料监测　　6＝测土配方施肥 7＝农作物病虫害防治　8＝农业灾害评估 9＝地膜覆盖技术　10＝新品种栽培管理 11＝农机具管理　12＝农业技术培训 13＝农业基础设施建设　14＝农资打假	最不了解 ———— 第二不了解 ———— 第三不了解 ————

续表

第四部分 县农业局估计村干部对您自己工作的评估		
问题	选项	答案
服务类型	A、您估计村干部是否满意县农业局提供的以下服务？ 1=完全不满意　2=不太满意 3=无所谓　　　4=比较满意 5=非常满意　　99=不知道	B、与过去3年相比，您估计村干部对县农业局提供的服务的满意程度的变化？ 1=比过去差 2=和过去一样 3=比过去好
农产品产供销		
农药监测		
种子监测		
化肥监测		
饲料监测		
测土配方施肥		
农作物病虫害防治		
农业灾害评估		
地膜覆盖技术		
新品种栽培管理		
农机具管理		
农业技术培训		
农业基础设施建设		
农资打假		
您估计在县农业局提供的以下服务中，村干部最满意的三项服务是什么（请按照您估计村干部的满意程度排序）	1=农产品产供销　　2=农药监测 3=种子监测　　　　4=化肥监测 5=饲料监测　　　　6=测土配方施肥 7=农作物病虫害防治　8=农业灾害评估 9=地膜覆盖技术　　10=新品种栽培管理 11=农机具管理　　　12=农业技术培训 13=农业基础设施建设　14=农资打假	最满意 ———— 第二满意 ———— 第三满意 ————
您估计在县农业局提供的以下服务中，村干部最不满意的三项服务是什么（请按照您估计村干部的不满意程度排序）	1=农产品产供销　　2=农药监测 3=种子监测　　　　4=化肥监测 5=饲料监测　　　　6=测土配方施肥 7=农作物病虫害防治　8=农业灾害评估 9=地膜覆盖技术　　10=新品种栽培管理 11=农机具管理　　　12=农业技术培训 13=农业基础设施建设　14=农资打假	最不满意 ———— 第二不满意 ———— 第三不满意 ————

续表

第四部分　县农业局估计村干部对您自己工作的评估

问题	选项	答案
您估计村干部对县农业局提供服务的满意度打多少分（请在右边量表中选择一个数字表示您估计村干部的满意程度，0代表最不满意，10代表最满意）	最不满意　　　　　　　　　　最满意 　0　1　2　3　4　5　6　7　8　9　10	
您估计在县农业局提供的以下服务中，村干部最需要的三项服务是什么（请按照您估计村干部的需要程度排序）	1 = 农产品产供销　　2 = 农药监测 3 = 种子监测　　　　4 = 化肥监测 5 = 饲料监测　　　　6 = 测土配方施肥 7 = 农作物病虫害防治　8 = 农业灾害评估 9 = 地膜覆盖技术　　10 = 新品种栽培管理 11 = 农机具管理　　　12 = 农业技术	最需要 ——— 第二需要 ——— 第三需要 ———
您估计在县农业局提供的以下服务中，村干部最不需要的三项服务是什么（请按照您估计村干部的不需要程度排序）	1 = 农产品产供销　　2 = 农药监测 3 = 种子监测　　　　4 = 化肥监测 5 = 饲料监测　　　　6 = 测土配方施肥 7 = 农作物病虫害防治　8 = 农业灾害评估 9 = 地膜覆盖技术　　10 = 新品种栽培管理 11 = 农机具管理　　　12 = 农业技术	最不需要 ——— 第二不需要 ——— 第三不需要 ———

第五部分　县农业局估计乡农业部门干部对您自己工作的评估

县农业局估计乡农业部门干部对您自己工作的满意度

服务类型	A、您估计乡农业部门干部是否满意县农业局提供的以下服务 1 = 完全不满意　2 = 不太满意　3 = 无所谓 4 = 比较满意　　5 = 非常满意　99 = 不知道	B、与过去3年相比，您估计乡农业部门干部对县农业局提供的服务的满意程度的变化 1 = 比过去差 2 = 和过去一样 3 = 比过去好
农产品产供销		
农药监测		
种子监测		
化肥监测		
饲料监测		
测土配方施肥		
农作物病虫害防治		
农业灾害评估		
地膜覆盖技术		
新品种栽培管理		

续表

第五部分 县农业局估计乡农业部门干部对您自己工作的评估

县农业局估计乡农业部门干部对您自己工作的满意度

问题	选项	答案
农机具管理		
农业技术培训		
农业基础设施建设		
农资打假		
您估计在县农业局提供的以下服务中，乡农业干部最满意的三项服务是什么（请按照您估计乡农业干部的满意程度排序）	1＝农产品产供销　2＝农药监测 3＝种子监测　　　4＝化肥监测 5＝饲料监测　　　6＝测土配方施肥 7＝农作物病虫害防治　8＝农业灾害评估 9＝地膜覆盖技术　10＝新品种栽培管理 11＝农机具管理　　12＝农业技术培训 13＝农业基础设施建设　14＝农资打假	最满意 _____ 第二满意 _____ 第三满意 _____
您估计在县农业局提供的以下服务中，乡农业干部最不满意的三项服务是什么（请按照您估计乡农业干部的不满意程度排序）	1＝农产品产供销　2＝农药监测 3＝种子监测　　　4＝化肥监测 5＝饲料监测　　　6＝测土配方施肥 7＝农作物病虫害防治　8＝农业灾害评估 9＝地膜覆盖技术　10＝新品种栽培管理 11＝农机具管理　　12＝农业技术培训 13＝农业基础设施建设　14＝农资打假	最不满意 _____ 第二不满意 _____ 第三不满意 _____
您估计乡农业干部对县农业局提供服务的满意度打多少分（请在右边量表中选择一个数字表示您估计乡农业干部的满意程度，0代表最不满意，10代表最满意）	最不满意　　　　　　　　　　　最满意 | 0 | 1 | 2 | 3 | 4 | 5 | 6 | 7 | 8 | 9 | 10 |	
您估计在县农业局提供的以下服务中，乡农业干部最需要的三项服务是什么（请按照您估计乡农业干部的需要程度排序）	1＝农产品产供销　2＝农药监测 3＝种子监测　　　4＝化肥监测 5＝饲料监测　　　6＝测土配方施肥 7＝农作物病虫害防治　8＝农业灾害评估 9＝地膜覆盖技术　10＝新品种栽培管理 11＝农机具管理　　12＝农业技术培训 13＝农业基础设施建设　14＝农资打假	最需要 _____ 第二需要 _____ 第三需要 _____
您估计在县农业局提供的以下服务中，乡农业干部最不需要的三项服务是什么（请按照您估计乡农业干部的不需要程度排序）	1＝农产品产供销　2＝农药监测 3＝种子监测　　　4＝化肥监测 5＝饲料监测　　　6＝测土配方施肥 7＝农作物病虫害防治　8＝农业灾害评估 9＝地膜覆盖技术　10＝新品种栽培管理 11＝农机具管理　　12＝农业技术培训 13＝农业基础设施建设　14＝农资打假	最不需要 _____ 第二不需要 _____ 第三不需要 _____

附录2 农户问卷

第一部分　基本情况		
问题	选项	答案
您的性别	1=男　　　　　2=女	
您的年龄	岁	
您是否是党员	1=是　　　　　2=否	
您的文化程度	0=没上过学　　　1=小学没毕业 2=小学毕业　　　3=初中没毕业 4=初中毕业　　　5=高中或中专没毕业 6=高中或中专毕业　7=大专 8=大学本科及以上	
2012年是不是种地	1=是　　　　　2=否	
2012年，您家种几亩地（1亩≈666.67平方米）	亩（不种地填0）	
您估计今年您种地的收入是多少	元（不种地填0）	
您家有几口人	个	
其中有几个0~6岁的孩子	个	
其中有几个64岁以上的老人	个	
2012年有没有非种养业收入	1=有　　　　　2=没有	
您估计今年您的非种养业收入是多少（没有填0）	元	
本村村委会有多少委员	个	
本村有没有村委会选举	1=有　　　　　2=没有	
最近一次选举，您投票了吗	1=有　　　　　2=没有	
您对目前所享受的公共服务的满意程度（请调查员解释）		
农业生产服务	1=完全不满意　2=不太满意　3=无所谓 4=比较满意　　5=非常满意	
农民生活服务	1=完全不满意　2=不太满意　3=无所谓 4=比较满意　　5=非常满意	
农村社会性服务	1=完全不满意　2=不太满意　3=无所谓 4=比较满意　　5=非常满意	
农村一般性服务	1=完全不满意　2=不太满意　3=无所谓 4=比较满意　　5=非常满意	
生态环境服务	1=完全不满意　2=不太满意　3=无所谓 4=比较满意　　5=非常满意	

续表

第二部分 乡、县农业公共服务满意度评估

对乡、县农业公共服务的满意程度（如果49题B小题选择了1或者2，请在51题选项中相对应的号码上画圈，如果49题B小题选择了4或者5，请在50题选项中相应的号码上画圈）

服务类别	A、有没有以下服务 （如果选2或99跳到D） 1＝有 2＝没有 99＝不知道	B、您是否满意提供的以下服务 1＝完全不满意 2＝不太满意 3＝无所谓 4＝比较满意 5＝非常满意 99＝不知道	C、根据满意程度选择满意程度主要来自哪个级别的领导 1＝乡长 2＝乡农业干部 3＝县农业局 99＝不知道	D、您对以下服务的需求程度 1＝非常不需要 2＝不太需要 3＝无所谓 4＝比较需要 5＝非常需要
灌溉系统维护				
特色产业				
农业生产补贴发放				
农民专业技术协会（技术推广）				
经济作物				
农业信息体系				
农机维修				
农作物病虫灾害				
农业灾害评估				
农药监测				
种子监测				
化肥监测				
饲料监测				
发布产供销农情信息				
农产品供销				
修梯田				
地膜覆盖技术				

续表

第二部分　乡、县农业公共服务满意度评估

对乡、县农业公共服务的满意程度（如果 49 题 B 小题选择了 1 或者 2，请在 51 题选项中相对应的号码上画圈，如果 49 题 B 小题选择了 4 或者 5，请在 50 题选项中相应的号码上画圈）

服务类别	A、有没有以下服务（如果选 2 或 99 跳到 D） 1 = 有 2 = 没有 99 = 不知道	B、您是否满意提供的以下服务 1 = 完全不满意 2 = 不太满意 3 = 无所谓 4 = 比较满意 5 = 非常满意 99 = 不知道	C、根据满意程度选择满意程度主要来自哪个级别的领导 1 = 乡长 2 = 乡农业干部 3 = 县农业局 99 = 不知道	D、您对以下服务的需求程度 1 = 非常不需要 2 = 不太需要 3 = 无所谓 4 = 比较需要 5 = 非常需要
测土配方施肥工程				
特色农产品商品生产基地建设				
新品种引进及栽培管理				
农资打假				
生产性培训				
疫情预防				
修路、修桥				
村办企业				
排水维护				
人畜饮水				
修水窖				
土地管理及分配				
纠纷调解				
修建学校				
计划生育				
治安				
环境整治（如垃圾台）				
小流域治理				

续表

第二部分 乡、县农业公共服务满意度评估

对乡、县农业公共服务的满意程度（如果49题B小题选择了1或者2，请在51题选项中相对应的号码上画圈，如果49题B小题选择了4或者5，请在50题选项中相应的号码上画圈）

服务类别	A、有没有以下服务（如果选2或99跳到D） 1＝有 2＝没有 99＝不知道	B、您是否满意提供的以下服务 1＝完全不满意 2＝不太满意 3＝无所谓 4＝比较满意 5＝非常满意 99＝不知道	C、根据满意程度选择满意程度主要来自哪个级别的领导 1＝乡长 2＝乡农业干部 3＝县农业局 99＝不知道	D、您对以下服务的需求程度 1＝非常不需要 2＝不太需要 3＝无所谓 4＝比较需要 5＝非常需要
生态建设规划				
退耕还林				

问题	选项	答案
县、乡农业部门提供的以下服务中，您最满意的三项服务是什么（请在第49题B小题选择4或者5的答案中选择，按照您的满意程度排序）	1＝灌溉系统维护　　　　　　　2＝特色产业 3＝农业生产补贴发放（粮食直补、农资综合补贴、征地补贴、良种补贴、农机燃油补贴、农机购置补贴） 4＝农民专业技术协会（技术推广）　5＝经济作物 6＝农业信息体系　　　　　　　7＝农机维修 8＝农作物病虫灾害　　　　　　9＝农业灾害评估 10＝农药监测　　　　　　　　11＝种子监测 12＝化肥监测　　　　　　　　13＝饲料监测 14＝发布产供销农情信息　　　15＝农产品供销 16＝修梯田　　　　　　　　　17＝地膜覆盖技术 18＝测土配方施肥工程 19＝特色农产品商品生产基地建设 20＝新品种引进　　　　　　　21＝农资打假 22＝生产性培训　　　　　　　23＝疫情预防 24＝修路、修桥　　　　　　　25＝村办企业 26＝排水维护　　　　　　　　27＝人畜饮水 28＝修水窖　　　　　　　　　29＝纠纷调解 30＝修建学校　　　　　　　　31＝土地管理及分配 32＝计划生育　　　　　　　　33＝治安 34＝环境整治（如垃圾台）　　35＝小流域治理 36＝生态建设规划　　　　　　37＝退耕还林	最满意 ——— 第二满意 ——— 第三满意 ———
县、乡农业部门提供的以下服务中，您最不满意的三项服务是什么（请在第49题B小题选择1或者2的答案中选择，按照您的不满意程度排序）	1＝灌溉系统维护　　　　　　　2＝特色产业 3＝农业生产补贴发放（粮食直补、农资综合补贴、征地补贴、良种补贴、农机燃油补贴、农机购置补贴） 4＝农民专业技术协会（技术推广）　5＝经济作物 6＝农业信息体系　　　　　　　7＝农机维修 8＝农作物病虫灾害　　　　　　9＝农业灾害评估 10＝农药监测　　　　　　　　11＝种子监测 12＝化肥监测　　　　　　　　13＝饲料监测 14＝发布产供销农情信息　　　15＝农产品供销	最不满意 ——— 第二不满意 ———

续表

第二部分 乡、县农业公共服务满意度评估

对乡、县农业公共服务的满意程度（如果49题B小题选择了1或者2，请在51题选项中相对应的号码上画圈，如果49题B小题选择了4或者5，请在50题选项中相应的号码上画圈）

问题	选项	答案
县、乡农业部门提供的以下服务中，您最不满意的三项服务是什么（请在第49题B小题选择1或者2的答案中选择，按照您的不满意程度排序）	16 = 修梯田　　　　　　　　　17 = 地膜覆盖技术 18 = 测土配方施肥工程 19 = 特色农产品商品生产基地建设 20 = 新品种引进　　　　　　　21 = 农资打假 22 = 生产性培训　　　　　　　23 = 疫情预防 24 = 修路、修桥　　　　　　　25 = 村办企业 26 = 排水维护　　　　　　　　27 = 人畜饮水	第三不满意
县、乡农业部门提供的以下服务中，您最不满意的三项服务是什么（请在第49题B小题选择1或者2的答案中选择，按照您的不满意程度排序）	28 = 修水窖　　　　　　　　　29 = 纠纷调解 30 = 修建学校　　　　　　　　31 = 土地管理及分配 32 = 计划生育　　　　　　　　33 = 治安 34 = 环境整治（如垃圾台）　　35 = 小流域治理 36 = 生态建设规划　　　　　　37 = 退耕还林	
您对县、乡农业部门提供的服务的满意度打多少分（请在右边量表中选择一个数字表示满意程度，0代表最不满意，10代表最满意）	最不满意　　　　　　　　　　　　　　最满意 0　1　2　3　4　5　6　7　8　9　10	
您认为县级农业部门和乡级农业部门提供的服务有区别吗	1 = 有区别　　　2 = 没有区别　　　99 = 不知道	
您和乡长见过面吗	1 = 见过　　　　　　　　2 = 没见过	
您知道乡长贵姓吗	1 = 知道　　　　　　　　2 = 不知道	
这个乡长是公推直选的吗	1 = 是　　　　　　　　　2 = 不是（跳到第56题）	
最近的公推直选您投票了吗	1 = 投了　　　　　　　　2 = 没投	
2012年，乡长因处理农业、农民问题到村庄的次数？（请填数字）	0 = 没有去过（跳到62题）　1 = 1次 2 = 2次　　　　　　　　　　3 = 3次 4 = 4次　　　　　　　　　　5 = 5次 6 = 6次及以上	
平均而言，2012年，乡长每次在村庄停留多长时间	1 = 1小时以内　　　2 = 2小时以内 3 = 3小时以内　　　4 = 4小时以内 5 = 5小时以内　　　6 = 8小时以内 7 = 1天以上	
2012年，乡长有没有因处理农业、农民问题在村庄住过	1 = 住在村干部家里　　2 = 住在农户家里 3 = 住在村里的农家乐	
2012年，乡长有没有因处理农业、农民问题在村里吃过饭	1 = 没吃过（跳到第61题） 2 = 在村干部家里吃过　　3 = 在农家乐吃过 4 = 在农户家里吃过	
2012年，乡长因处理农业、农民问题在村里吃饭的费用由谁支付（单选）	1 = 乡政府　　　　　　2 = 乡干部 3 = 自己支付　　　　　4 = 农户 5 = 村委会　　　　　　6 = 村干部	
2012年，乡长是否有过因处理与农业相关问题和农民一起在田间工作2小时以上	1 = 有过　　　　　　　2 = 没有过	

续表

第二部分 乡、县农业公共服务满意度评估

对乡、县农业公共服务的满意程度（如果49题B小题选择了1或者2，请在51题选项中相对应的号码上画圈，如果49题B小题选择了4或者5，请在50题选项中相应的号码上画圈）

问题	选项	答案
乡长过去三年（不包括2012年）是否因处理与农业相关问题和农民一起在田间工作2小时以上	1＝有过　　　　　　　　2＝没有过	
乡长过去三年（不包括2012年）有没有因处理农业、农民问题在村庄住过	1＝没住过　　　　　　　2＝住在村干部家里 3＝住在农户家里　　　　4＝住在村里的农家乐	
如果您遇到农业问题，您会向乡长寻求帮助吗	1＝以前现在都会　　　　2＝以前不会，现在会 3＝以前会，现在不会　　4＝以前现在都不会	
如果您遇到农业问题向乡长寻求帮助，他会帮助您吗	1＝以前现在都会　　　　2＝以前不会，现在会 3＝以前会，现在不会　　4＝以前现在都不会	
与三年前相比，您对乡长提供的服务的满意程度的变化	1＝比过去差　　　　　　2＝和过去一样 3＝比过去好	
2012年，乡农业干部因处理农业、农民问题到村庄的次数（请填数字）	0＝没有去过（跳到73题） 1＝1次　　　　　　　　2＝2次 3＝3次　　　　　　　　4＝4次 5＝5次　　　　　　　　6＝6次及以上	
平均而言，2012年，乡农业干部每次在村庄停留多长时间	1＝1小时以内　　　　　2＝2小时以内 3＝3小时以内　　　　　4＝4小时以内 5＝5小时以内　　　　　6＝8小时以内 7＝1天以上	
2012年，乡农业干部有没有因处理农业、农民问题在村庄住过	1＝住在村干部家里　　　2＝住在农户家里 3＝住在村里的农家乐	
2012年，乡农业干部有没有因处理农业、农民问题在村里吃过饭	1＝没吃过（跳到72题）　2＝在村干部家里吃过 3＝在农家乐吃过　　　　4＝在农户家里吃过	
2012年，乡农业干部因处理农业、农民问题在村里吃饭的费用由谁支付（单选）	1＝乡政府　　　　　　　2＝乡干部 3＝自己支付　　　　　　4＝农户 5＝村委会　　　　　　　6＝村干部	
2012年，乡农业干部是否有过因处理与农业相关问题和农民一起在田间工作2小时以上	1＝有过 2＝没有过	
乡农业干部过去三年（不包括2012年）是否因处理与农业相关问题和农民一起在田间工作2小时以上	1＝有过　　　　　　　　2＝没有过	
乡农业干部过去三年（不包括2012年）有没有因处理农业、农民问题在村庄住过	1＝没住过　　　　　　　2＝住在村干部家里 3＝住在农户家里　　　　4＝住在村里的农家乐	
如果您遇到农业问题，您会向乡农业部门寻求帮助吗	1＝以前现在都会　　　　2＝以前不会，现在会 3＝以前会，现在不会　　4＝以前现在都不会	
如果您遇到农业问题向乡农业部门寻求帮助，他们会帮助您吗	1＝以前现在都会　　　　2＝以前不会，现在会 3＝以前会，现在不会　　4＝以前现在都不会	
与三年前相比，您对乡农业部门提供的服务的满意程度的变化	1＝比过去差　　　　　　2＝和过去一样 3＝比过去好	

续表

第二部分 乡、县农业公共服务满意度评估

对乡、县农业公共服务的满意程度（如果49题B小题选择了1或者2，请在51题选项中相对应的号码上画圈，如果49题B小题选择了4或者5，请在50题选项中相应的号码上画圈）

问题	选项/单位	答案
2012年，县农业局因处理农业、农民问题去村庄的次数？（请填数字）	0 = 没有去过（跳到84题） 1 = 1 次　　　　2 = 2 次 3 = 3 次　　　　4 = 4 次 5 = 5 次　　　　6 = 6 次及以上	
平均而言，2012年，县农业局每次在村庄停留多长时间	1 = 1 小时以内　　2 = 2 小时以内 3 = 3 小时以内　　4 = 4 小时以内 5 = 5 小时以内　　6 = 8 小时以内 7 = 1 天以上	
2012年，县农业局有没有因处理农业、农民问题在村庄住过	1 = 住在村干部家里　2 = 住在农户家里 3 = 住在村里的农家乐	
2012年，县农业局有没有因处理农业、农民问题在村里吃过饭	1 = 没吃过（跳到83题）　2 = 在村干部家里吃过 3 = 在农家乐吃过　　4 = 在农户家里吃过	
2012年，县农业局因处理农业、农民问题在村里吃饭的费用由谁支付（单选）	1 = 乡政府　　　　2 = 乡干部 3 = 自己支付　　　4 = 农户 5 = 农业局干部　　6 = 村委会 7 = 村干部　　　　8 = 县农业局	
2012年，县农业局是否有过因处理与农业相关问题和农民一起在田间工作2小时以上	1 = 有过　　　　　2 = 没有	
您过去三年（不包括2012年）县农业局是否因处理与农业相关问题和农民一起在田间工作2小时以上	1 = 有过　　　　　2 = 没有	
您过去三年（不包括2012年）县农业局有没有因处理农业、农民问题在村庄住过	1 = 没住过　　　　2 = 住在村干部家里 3 = 住在农户家里　　4 = 住在村里的农家乐	
与三年前相比，您对县农业局提供的服务的满意程度的变化	1 = 比过去差　　　2 = 和过去一样 3 = 比过去好	
如果您遇到农业问题，您会向县农业局寻求帮助吗	1 = 以前现在都会　　2 = 以前不会，现在会 3 = 以前会，现在不会　4 = 以前现在都不会	
如果您遇到农业问题向县农业局寻求帮助，他们会帮助您吗	1 = 以前现在都会　　2 = 以前不会，现在会 3 = 以前会，现在不会　4 = 以前现在都不会	
如果遇到农业、农民纠纷问题，一般情况您会找谁解决	1 = 村委会主任　　2 = 村支部书记 3 = 乡长　　　　　4 = 乡党委书记 5 = 县干部　　　　6 = 法院	
您平时经常看当地电视台的民生新闻吗？（如陕西电视台的《都市快报》《都市快线》《第一新闻》）	1 = 从来不看　　　　2 = 偶尔看 3 = 有时看，一周2～3次　4 = 经常看，一周4～5次 99 = 不知道	
你通常赞成这些民生新闻栏目里的内容吗	1 = 大部分不赞成 2 = 有一部分不赞成，一部分赞成　3 = 大部分赞成 99 = 不知道	
你对中央新闻在处理重要民生问题方面满意吗？（例如消费品价格、城市农村建设、社会治安、环境污染等）	1 = 不满意　　　　2 = 比较不满意 3 = 没有明显判断　4 = 比较满意 5 = 非常满意　　　99 = 不知道	

附录3 县农业干部半结构访谈表

您好,您还记得2011年跟您做过农村经济发展的调查吗?现在我们还有很多问题不明白,需要半个小时请教您些问题。谢谢!

访谈	县农业干部访谈问题
1	您从事农业部门工作有多少年?
2	您是否曾在乡镇工作过? 如果您曾在乡镇工作过,您当时做什么工作?
3	在您所在的科室,您具体负责什么工作?(多选,但是自己说)
4	您最主要的工作是什么?为什么?
5	2012年,您承担了哪些工作(服务)(如农药监测、种子监测,等等)? 哪些工作(服务)跟乡镇干部接触(交流或合作)? 哪些工作(服务)跟村干部接触(交流或合作)? 哪些工作(服务)跟村民接触(交流)?
6	您听说过联村联户工程吗?(应该知道) 联村联户工程是什么活动?您可以举个例子吗? 您认为联村联户工程的目的是什么? 在联村联户工程中,您负责联几个村?您总共负责联几户? 您如何联系你负责的村民呢?(自己选村民吗?自己电话联系或到村民家做客?等等) 您和村民见面以后,您怎么跟村民沟通?(具体的内容)
7	举个例子说你在联村联户过程中,到某个农户家是如何开展工作的吗?
	县农业干部和乡镇干部的关系
8	您认为乡镇农业干部了解你的工作吗?他们通过什么方式了解(不了解的话,为什么不了解)? 您认为乡镇农业干部最了解县农业局的什么工作?为什么? 您认为乡镇农业干部最不了解县农业局的什么工作?为什么? 您的工作和乡镇农业干部的工作有什么区别?
9	乡镇农业干部承担什么工作(或服务)(如新品种引进,等等)?
10	乡镇农业干部的最主要的工作是什么?为什么?
11	您认为乡镇农业干部做得最好的工作是什么?为什么?
12	您认为乡镇农业干部做得最不好的工作是什么?为什么?
13	2006年税费改革(取消农业税)有没有影响县农业干部和乡镇农业干部的交流?为什么(影响不影响)?
14	您认为乡镇农业干部的工作难不难?为什么?您可以举个例子吗?
15	您估计在县农业局提供的服务中,乡镇农业干部最满意的服务是什么?为什么乡镇农业干部对这种服务满意?
16	您估计在县农业局提供的服务中,乡镇农业干部最不满意的服务是什么? 为什么乡农业干部对这种服务不满意?

续表

访谈	县农业干部访谈问题
17	您估计乡农业干部对县农业局提供给乡镇农业干部的服务的满意度打多少分（1到10）？为什么？
18	您估计在县农业局提供的服务中，乡镇农业干部最需要的服务是什么？ 为什么乡镇农业干部对这种服务需要？
19	您估计在县农业局提供的服务中，乡镇农业干部最不需要的服务是什么？ 为什么乡镇农业干部对这种服务不需要？ 您对乡镇农业干部提供的服务（信息）中，您最需要的服务（信息）是什么？
20	面对农民的服务需求，您认为乡农业干部提供的哪些服务，能帮助你更好地理解农民的需求？ 其中，您最满意的服务是什么？为什么？ 您可以举个例子吗？
21	在乡农业干部提供给您的服务中，您最不满意的服务是什么？为什么？ 您可以举个例子吗？ 有什么方法能解决这个问题？
22	您对乡农业干部提供给农民的服务是否满意？为什么（满意或不满意）？
23	您对乡农业干部提供给农民的服务打多少分（1到10）？为什么？
24	您认为县农业干部和乡镇农业干部，谁更了解村民的情况？为什么？
25	您对乡农业干部提供给村民的什么服务最满意？为什么？ 您可以举个例子吗？
26	您对乡农业干部提供给村民的什么服务最不满意？为什么？ 您可以举个例子吗？ 有什么方法能解决这个问题？
27	您认为村干部了解你的工作？他们通过什么方式了解（不了解的话，为什么不了解）？ 您认为村干部最了解县农业局的什么工作？为什么？ 您认为村干部最不了解县农业局的什么工作？为什么？
28	村干部承担哪些工作（或服务）（如土地管理，等等）？
29	村干部最主要的工作是什么？为什么？
30	您认为村干部做得最好的工作是什么？在农业方面呢？为什么？
31	您认为村干部做得最不好的工作是什么？在农业方面，最不好的呢？为什么？
32	2006年税费改革（取消农业税）有没有影响县农业干部和村干部的交流？为什么（影响不影响）？
33	您认为村干部的工作难不难？为什么？您可以举个例子吗？
34	您估计在县农业局提供的服务中，村干部最满意的服务是什么？为什么村干部对这种服务满意？
35	您估计在县农业局提供的服务中，村干部最不满意的服务是什么？为什么村干部对这种服务不满意？
36	您估计村干部对县农业局提供服务的满意度打多少分（1到10）？为什么？
37	您估计在县农业局提供的服务中，村干部最需要的服务是什么？为什么村干部对这种服务需要？
38	您估计在县农业局提供的服务中，村干部最不需要的服务是什么？为什么村干部对这种服务不需要？ 您对村干部提供给您的服务（信息）中，您最需要的服务（信息）是什么？

续表

访谈	县农业干部访谈问题
39	面对农民的需求，您认为村干部提供的哪些服务能够帮助您更好地理解农民的需求？其中，您最满意的是什么服务？为什么？ 您可以举个例子吗？
40	在村干部提供给您的服务中，你最不满意的服务是什么？为什么？ 您可以举个例子吗？ 有什么方法能解决这个问题？
41	您对村干部提供给农民的服务是否满意？为什么（满意不满意）？
42	您对村干部提供给农民的服务打多少分（1到10）？为什么？
43	您对村干部提供给村民的什么服务最满意？为什么？ 您可以举个例子吗？
44	您对村干部提供给村民的什么服务最不满意？为什么？ 您可以举个例子吗？ 有什么方法能解决这个问题？
	县农业干部和村民
45	您认为村民了解你的工作？他们怎么了解（不了解）？ 您认为村民最了解县农业局的什么工作？为什么？ 您认为村民最不了解县农业局的什么工作？为什么？
46	您认为村民能不能区分县农业局的工作和乡镇农业干部的工作？为什么？
47	2006年税费改革有没有影响县农业干部和村民的交流？为什么（影响不影响）？
48	您估计在县农业局提供的服务中，村民最满意的服务是什么？为什么村民对这种服务满意？
49	您估计在县农业局提供的服务中，村民最不满意的服务是什么？为什么村民对这种服务不满意？
50	您估计村民对县农业局提供服务的满意度打多少分（1到10）？为什么？
51	您估计在县农业局提供的服务中，村民最需要的服务是什么？为什么村民对这种服务需要？
52	您估计在县农业局提供的服务中，村民最不需要的服务是什么？为什么村民对这种服务不需要？
53	如果遇到农业纠纷问题，一般情况村民会找谁解决？为什么？
54	村民遇到什么农业问题时，会找县农业局干部解决？
55	您认为您很了解村民的农业情况吗？为什么？（您是怎么了解村民的农业情况的？）
56	您认为乡镇农业干部很了解村民的农业情况吗？为什么？（您怎么了解/不了解）